你可以生氣，但不要越想越氣

水島廣子 著
楊詠婷 譯

停止情緒化思考、不再與對錯拔河，
從此擺脫「地雷型」人設！

走出受害者角色，和情緒成為朋友

臨床心理師、作家 **洪仲清**

水島醫師的著作，我幾乎都會在臉書專頁分享。她使用的文字簡約、可親，常常有讀者因為水島醫師所介紹的概念，而感覺到療癒，並且慷慨給我回饋。這讓我內在充滿正能量，又更加深我對她如何將理論落實在行動中的認識。

我們把注意力放在哪裡，那裡就是我們的世界。而我們如何回應這個世界，又決定了我們後續的命運。

當我們願意理解情緒的作用，並且聚焦於我們心中顯化的情緒，是如何從小到大幫助了我們，我們就可以衷心感謝情緒，並且讓它們自由流動。當我們慈悲以待，情緒也能妥善地回應溫暖與呵護。我們因此不再受到情緒綁架，而是跟它們成為朋友。

堅持「對錯」不一定是錯，但那些看法上的不同，不妨礙我們跟親密的人同享心與心的共鳴。願我們藉這本書走出受害者的角色，堅強地主導自己的人生。

情緒是傳達心理訊息的信使

臨床心理師、作家 **劉仲彬**

「既然打不過，就加入他們！」在美國職籃，倘若有球員在輸球後投奔敵隊，這就是最好的註解。當然，這絕不是一句褒詞，但萬一我們的對手是情緒呢？「既然打不過情緒，就加入它們」，對吧？只是「加入情緒」這四個字聽來有點不妙，整件事好像變成「既然控制不了情緒，那就只好被它們控制」。

事實上，這句話應該解釋成「與其對抗情緒，不如接納它們的存在。」

情緒是一股能量，既然是能量，就代表「即便你不接受，它也不會消失」。與其把它當成對手，不如視為「傳令」；情緒不是攻擊身體的敵方，而是傳達心理訊息的信使。

綜觀心理治療理論，情緒被視為了解心理狀態最顯眼的燈標。而本書的內容便是從日常情緒事件切入，探索情緒背後的思考徑路，藉以透視情緒曲線、破除思考盲點，最後引導讀者練習同理，情緒自然安適。加上內文分章明確，段落份量適中，結尾並附加重點摘示，每日一篇，輕鬆無負擔。

一旦能理解情緒帶來的訊息，就不會盲目排拒。只要跟著訊息按圖索驥，你會發現，情緒其實還蠻講道理。

恢復情緒的「原廠設定」功能

諮商心理師、作家　**蘇予昕**

每逢夏天，怕熱的我老是哀哀叫，此時長輩就會對我說：「心靜自然涼。」這句話從來沒有幫助我降溫，反而每每點燃我的怒火，最好是能自然涼啦！

從小到大，我們經常被外界要求「否定自己的感受」，不能熱、不能怕、不能哭、不要那麼生氣……好像我們應該永遠理性正向，絕對不能「情緒化」。殊不知，**「情緒化」正是源自於我們不夠認識情緒，試圖壓抑它、否定它的存在，所導致的後續反彈效應。**

其實，**最快讓情緒消散的方式，就是承認、面對情緒，以及了解情緒背後的需求，才能對症下藥地解決問題。**

如同消暑解熱最快的方法，就是開冷氣，而不是否認自己很熱，對吧？讀完水島醫師貼近日常的案例剖析，想必能幫助讀者跳脫慣性模式，恢復情緒的「原廠設定」功能，讓我們得以洞察內在渴望、活出順暢人生！

重新思考情緒「好用」的那一面！

臨床心理師、作家 **蘇益賢**

一個「有情緒」的人，對你來說是怎樣的人呢？

如果，這個人是你自己，你會如何描述這樣的自己呢？

對多數人來說，情緒是既熟悉又陌生的存在。熟悉之處是，它總在某些我們尚未準備好的時刻突如其來，進而影響我們；陌生之處則在於，我們其實很少停下來思考，情緒的出現之於我們是什麼意義，它到底想告訴我們什麼。

在這本書裡，水島廣子醫師試著從人際關係中的「被害者意識」、「自我肯定感」等角度，詮釋情緒可能蘊含的「功能」。

是的，情緒是有功能、有用的！

也就是說，**情緒其實是一種工具，只是在能善用之前，我們得先對它多認識一些。就像是水火一般，懂者方能善用，而不會只是疑惑或懼怕。**

翻閱本書，讓水島醫師帶領我們重新思考情緒「好用」的那一面吧！

第 1 章

你的「情緒」沒有錯，都是「想法」惹的禍！
——我們會變得「情緒化」的原因

第 2 章

每一種情緒，都是真實的自己
——自我肯定感不足，容易變得「情緒化」

第 3 章

理解彼此的「領域」，卸除心靈重擔

——重視自己的情緒，才能防範「領域侵害」

第 4 章

放下「自己的正確」，不再與對錯拔河

——「情緒化」的背後，是對於「正確」的執念

第 5 章

擺脫「地雷型」人設，守護內心的平靜

——養成「不被情緒綁架」的 7 個習慣

contents

第 6 章

「情緒化」的人，其實是受困的弱者
——如何與「情緒化」的人和平相處

前言

活出「不被情緒綁架」的自由人生！

水島廣子

「常因為情緒激動口不擇言，事後都很後悔。」

「情緒一來就無法控制，導致人際關係惡劣。」

你是不是也有類似的狀況呢？

應該有很多人都「希望自己不要情緒化」。

理由各式各樣，比如說……

- 覺得「情緒化」的自己很不成熟，感到很丟臉
- 認為「自己其實不是這樣的人」，覺得沮喪洩氣
- 一天到晚情緒不穩，被認為「很難相處」
- 經常脫口說出無法挽救的話，破壞人際關係

- 一旦對某人「情緒爆發」，就會耿耿於懷，很難恢復原來的相處方式
- 被周圍的人們認為不能冷靜溝通，無法擔當重任
- 常因為情緒起伏波動，導致工作及正事遲遲沒有完成
- 在旁人眼中是「職權騷擾」、「歇斯底里」及「瞬間暴怒」的慣犯，被敬而遠之

當然，「情緒化」所引發的情緒，並不只是「憤怒」而已，還有讓人也深受其擾的「不安」。

- 不確定對方是否愛自己，忍不住束縛對方
- 害怕無法取得成果，不安到完全無心工作

這些「情緒化」的狀態，不但會對人際關係及工作造成很大的影響，對自己來說也是非常不舒服的體驗。

無法控制的「情緒化」，會讓我們的內心感受不到安寧與幸福。

比如說，原本家應該是我們的避風港，但如果總是忍不住為了妻子做家事的方式發脾氣，即使回到家，身心也無法好好休息，就等於直接減損了生活的「品質」（quality of life）。

更不用說，用這種態度對待家人，非常容易造成家庭的危機。或許從自己的角度來看，不過是說出真心話而已，但是難保妻子某天會突然受不了，就直接丟出離婚協議書說：「我再也無法跟你這種壞脾氣的人生活下去了！」。

有人會說：「我很善於控制情緒，所以不會有問題。」這樣的人其實也需要注意。

因為在這些人當中，有的並不是「真的能控制情緒」，只是覺得「情緒化」是一件很難看的事，才「假裝自己沒有情緒化」而已。

如此刻意壓抑內心滿滿的情緒，不只會產生巨大的壓力，長期處於這種壓抑的狀態，也無法全心全意經營自己與對方的關係。

也就是說，**無論是覺得自己「容易情緒化」或「善於控制情緒」，這兩方都必須為了「不讓自己情緒化」，硬是避開「可能讓自己情緒化的狀況」，因而失去了自由。**

這才是「情緒化」造成的最根本的問題。

「情緒化」的自己，非常難以控制。

所以，得保證自己永遠不會陷入「情緒化」的狀況。

這樣下去，等於自己的人生完全被「情緒」給宰制了。

也就是說，無論是「容易情緒化」或「假裝沒有情緒化」，對人生都沒有半點益處。

即使理智上清楚，但我們還是會不小心「情緒失控」或是「刻意壓抑情緒」，這又是為什麼呢？

本書就是要解開這些「謎團」，告訴大家如何學會以下的方法：

- **避免讓不高興的反應發展成「情緒化」的狀態**
- **不是壓抑情緒，而是真正不「受困於情緒、被情緒綁架」**
- **不被「情緒化」的人傷害**
- **養成讓自己「不被情緒綁架」的習慣**

我是專攻「人際關係療法」的精神科醫師，並透過態度療癒學會（AH; Attitudinal Healing）的志工活動，以及過去任職眾議院議員的經歷（政治也是深受情緒影響的領域！），遇見過許多深為「情緒化」問題所苦的人。在這裡，有件事希望各位一定要知道，那就是：

「情緒化」，並不是情緒的問題。

是不是很令人驚訝？

我想，很多人應該都以為「情緒化」是情緒的問題，所以才會不斷去嘗試各種能夠控制情緒的因應方法。

此外，由於「情緒化」給人的印象實在太過負面，許多人會覺得情緒本身就是個麻煩的東西。

事實上，這完全是「莫須有的罪名」。

情緒本身是沒有對錯的。

相反地，「重視自己的情緒」，才是讓自己不會陷入「情緒化」、「被情緒綁架」的重要前提之一。

這當中的機制，會在後續的本文中詳細說明。

迄今為止，一定還是有許多人為了「不想變得情緒化」，讀了非常多的書、嘗試過各種方法，即使在情況輕微時還能勉強控制，一旦超過某個程度，終究會情緒失控。

或者，即使聽人說要「放下情緒」、「靜待情緒過去」或是「不要太在意」，還是忍不住覺得：「要是做得到，就不會這麼困擾了！」

本書就是為了這樣的你而寫的。書中詳細解釋了「情緒化」的發生機制，同時希望每個人都不會因為「情緒化」問題而造成人生的損失，並且能學會重視自我情緒，度過優質、充實的人生。

小花真美啊，
看著心情就變好了~~
蟲蟲你想幹嘛？
那可是我最心愛的小花！
你竟然把小花給吃了！
你是不是看扁我，故意來挑釁的！

第 1 章

你的「情緒」沒有錯，都是「想法」惹的禍！

我們會變得「情緒化」的原因

所謂的「情緒化」，
就是一直被困在憤怒、焦慮等「情緒高漲」的狀態，
無法做出冷靜的應對與行動。
然而，負面情緒本身並沒有對錯，
它只是人類自然的防衛反應，
在計畫被打亂、受到衝擊或狀況未明時，
提醒我們尋求援助或保護自己。

在暗中搞怪、讓你不由自主膨脹這些情緒的，
是各種對號入座、放大解讀的「情緒化思考」，
這會使我們偏離原本的問題、造成溝通的障礙，
而且重點是，對方不痛不癢，受苦的只有你自己！

情緒的存在，是為了保護自己

首先，來看看人為什麼會變得「情緒化」。

所謂的「情緒化」，是指一直受困在「情緒高漲」的狀態，就像「被情緒綁架」了一樣，無法進行冷靜的思考和尋常的應對。

從這樣的語意就可以明白，為什麼很多人會認為「情緒化」是情緒的問題。但是，就如前言所說的，情緒本身並沒有對錯。

本書會將特別激烈或不穩定、讓人受困其中的情緒，加上引號以「情緒化」一詞區分出來。無關對錯的正常情緒，則以沒有引號的情緒兩字來顯示。

那麼，這個沒有括號的情緒，到底是為何而存在的？

這是人類自備的自我防衛機能。

比如說，「燙」或「痛」等身體的各種感知，是在告訴我們「這個狀況對自己的身體有何意義」。

因此，當我們感覺到「燙」，就會縮手避開滾燙的東西；感覺到「痛」，就會移除不小心踩到的物體，或是趕緊處理受傷的部位，以保護自己的身體。

如果身體失去了對於「燙」或「痛」的感知，很可能就會危害到自己。

至於情緒，我們也不妨把它想成是內心的各種感知。

譬如「不安」，就是在「無法確保安全」時湧現的情緒。也因為如此，當我們感到不安，就會開始謹言慎行、處處小心。

總之，情緒主要就是在告知我們：

- **這個狀況對自己的心有何意義？**
- **這個狀況對自己這個存在有何意義？**

一說到「情緒化」，通常會浮現的印象都是被憤怒、焦躁等情緒支配、困擾的狀態。那麼，「憤怒」又是在告知我們什麼呢？

簡單來說，就是「自己目前正陷入困境」的狀態。

有人或許會認為，自己並沒有陷入困境，之所以生氣是因為對方錯了。然而，即使對方真的錯了，也代表「自己所相信的正確沒有被接受」，對自己來說，仍然是處於困擾的狀態。

POINT

就像燙、痛是身體的感知，情緒則是內心的各種感知。

為什麼會生氣？
——事情沒有照著「計畫」走

前面提過，憤怒是告知我們「自己目前正陷入困境」的情緒。

而陷入困境的原因，又有各種型態。現在，我們就一起來探究看看吧！

首先要列舉的狀況，就是「計畫被打亂了」。

例：原本打算結婚紀念日要去高級義大利餐廳慶祝一番，結果妻子說「那天和朋友約好了」，氣得對她大吼「隨便你！」。

在這個例子裡，沒有人是惡意的，最後卻演變成遺憾的局面。

好不容易想讓妻子享受一段幸福快樂的時光，妻子卻早就預定了一個和自己無關的聚會。

認為結婚紀念日理所當然應該一起慶祝的丈夫。

沒有這種想法的妻子。

為什麼事情會變成這個樣子呢？

如果每年都有慶祝的習慣，那或許是妻子「今年不小心忘了」；要是本來沒有，可能就是以往一直愧疚著沒有好好慶祝的丈夫，「今年突然」想要給妻子一個驚喜。

無論狀況為何，從丈夫的角度來看，就是「計畫被打亂了」。

對丈夫來說，他的計畫是「在高級義大利餐廳共度美好的夜晚，讓妻子幸福、開心」。很多時候，**引發「情緒化」的第一步，就是類似這種「計畫被打亂」的狀況**。

「咦？」

「事情不應該是這個樣子的。」

「為什麼？」

每次事情沒有照著預期的計畫走，我們都會產生這種心情。

我把它稱為「計畫被打亂的憤怒」。

由於計畫亂了（被打亂）會讓人陷入困境、深受其擾，所以自然引發了憤怒的情緒。

此外，這當中也隱藏著寂寞及悲傷的感覺，因為在憤怒背後，是被妻子拒絕的失落與挫折。畢竟事情發生得太突然，這個例子裡的丈夫會變得「情緒化」，也是可想而知的事。

POINT

「憤怒」是在告知我們「目前正陷入困境」。

錯用了情緒，會導致誤解和遺憾

不過，我們再多思考一下吧。

之前提過，情緒是人類自備的重要機能。這些狀況所引發的情緒（憤怒或寂寞），都是在告訴我們：

「現在，我很困擾。」

「現在，我感覺不到妻子的愛，所以很寂寞。」

如果能坦然承認這樣的感受，那會怎麼樣呢？

丈夫坦誠地告訴妻子：「難得的結婚紀念日，之前一直很期待能在高級義大利餐廳跟你一起慶祝的，現在這樣真的好可惜，也讓我覺得好寂寞。」

想必妻子一定會給出溫柔的回應。

這樣的互動，對於今後的夫妻關係才會有積極、正面的影響，因為丈夫表達了自己是多麼重視結婚紀念日，又有多想和妻子以特別的方式共度這珍貴的時光。

然而，現實中的丈夫卻「情緒化」了起來，妻子則被丈夫怒吼「隨便你」而內心受傷……也因此損害了夫妻關係的品質。於是，丈夫恐怕會在心中留下陰影，想著「再也不慶祝什麼結婚紀念日了！」「情緒化」就這樣在夫妻關係的各個層面都造成了相當的影響。

那應該怎麼做，才能避開這種因誤會而造成的遺憾呢？

首先，就是要察覺自己的情緒（憤怒、寂寞）。

接著就是理解「在這樣的狀況下產生這種心情，是身為人正常的反應」，努力接納自己的情緒。

POINT

坦承自己的情緒並確實傳達，才不會破壞關係。

憤怒的另一個原因——內心受到了「衝擊」

還有一種情況，和「計畫被打亂的憤怒」非常類近，那就是「衝擊所激發的憤怒」。這種「意想不到的衝擊」，會給人帶來重大的影響。

例：聽到朋友說「你怎麼連這種事也不知道？」，情緒就上來了，真的很不喜歡自己這麼容易生氣。

在這個例子裡，「你怎麼連這種事也不知道」這句話就是衝擊的來源。畢竟，應該很少有人料到，朋友會突然對自己說這種話吧！

那麼，為什麼衝擊會引發「憤怒」呢？

人類原本就有將變化視為「壓力」的傾向。

就算是自己所期望的變化，在適應時也會引發各種麻煩的問題。

比方說，即使自信滿滿地接下期待已久的職位，也不一定諸事順利，有可能需要承擔重責大任，或是改變原本做事的方法，多多少少都會感受到壓力。

基本上，人類所抱持的心態是「想在穩定的現狀中持續生存。」

當然，人也會追尋「下一個」目標，但必須是按照自己的步調，並且朝著自己所希望的方向前進。

原先「在穩定的現狀中持續生存」的基本姿態，突然遭到動搖，這就是「衝擊」。

而人一旦受到衝擊，就會覺得自己被「攻擊」了。

每個人遭遇攻擊時的反應都不一樣。有的會全身僵硬、有的會直接反擊，還有些人會覺得是自己太糟糕，所以才會被攻擊，並因此失去了自信等等。

但是大致上來說，我們都會感到「憤怒」，有時候就因此發展成「情緒化」的狀態。

當然，例子中說這句話的朋友，完全沒有意識到「自己正在攻擊對方」。不過，對於聽到這句話的當事人來說，那就是攻擊。

為什麼呢？

因為每個人都有自己所背負的問題及原由。

與生俱來的特質或才能是什麼？

從小到大的成長環境為何？

身邊最親近的人是誰？

經歷過什麼樣的體驗？

每個人的狀況都不相同，也只有自己才知道真實的原由。

不清楚其中的來龍去脈，就高傲地批評對方「怎麼連這種事也不知道」（這等於是在說對方很糟糕，連這種理所當然的事都不懂），其實是一種暴力。

POINT

當人受到衝擊，就會覺得被「攻擊」。

主觀性論斷，也會引發「被攻擊」的怒氣

前面已經提過，評價具有暴力的性質，被評價也會引發憤怒。

對於說出「你怎麼連這種事也不知道」的朋友所感到的氣惱，就包含了「衝擊帶來的憤怒」以及「被評價所引發的憤怒」。

那麼，什麼樣的「評價」會被視為攻擊？

就評價來說，具有「客觀性評價」與「主觀性評價」這兩種分別。

我在高速公路上以高達一百二十八公里的時速開

車，因為違反速限而遭到罰款，這基本上是毫無爭議的結果。時速一百二十八公里違反速限，這就是客觀性評價，不管是誰來判斷，都會做出相同的結論。

我將**客觀性評價**稱為**「評估 assessment」**，像疾病的診斷等（由具備相當經驗與能力的人所執行）都是屬於這種類型。

另一方面，**主觀性評價**（我稱為**「論斷 judgement」**），則完全是根據個人自身的經驗及感受所下的評斷，顧名思義也就是「主觀性的意見」。

主觀性評價跟情緒一樣，都是我們原已具備的自保能力。

為了能安全地生存下去，我們需要觀察各種狀況，判斷「那個人看起來很溫柔」、「這個人有點可怕，要保持距離」，用這樣的方式保護自己。

當然，隨著越來越了解對方，也常會漸漸開始修正最初的評價。

因此，「評價」本身並沒有任何問題。

問題就在於，沒有意識到自己是「自以為是地任意做出主觀性評價」，甚至覺得「自己的評價對於所有人來說，都是正確且絕對的真實」，固守著這樣的執念。

如果將自己的主觀性評價當成絕對的真實去檢視對方，就會變成「論斷」這種可怕的暴力。

比方說：

「你做事真的只憑自己的感覺耶，這樣在社會上是行不通的。」

「你是不是太小看工作了？難怪你會做不出成果。」

這就是在論斷對方「做事只憑感覺」和「太小看工作了」。

在34頁的例子中，當事人說「不喜歡自己這麼容易生氣」，然而，他是受到了「你怎麼連這種事也不知道」這樣的突襲（衝擊），被加諸了主觀性評價，所以會生氣一點也不足為奇。

突然遭受惡劣的言語攻擊，回以「憤怒」本來就是人類正常、自然的反應。

POINT

把論斷當成絕對的真實，是可怕的暴力。

不想讓情緒暴衝，要用接納取代否定

前面依序看過了「計畫被打亂的憤怒」、「衝擊帶來的憤怒」和「被評價所引發的憤怒」。

當計畫突然被打亂，或是受到衝擊、莫名被人論斷，每個人自然都會感到憤怒及不安，這是情緒在提醒我們「現在發生了什麼事」。**只要承認「自己目前正陷入困境」，就不會演變成「情緒化」的狀態，也能開始改善困擾自己的狀況**。

但是，許多用來說明如何「避免情緒化」的典型例子，都是要我們「否認自己所抱持的情緒，並將之轉換成正面的情緒」。

像是去活動身體、呼吸新鮮空氣或離開現場，試著轉換心情；或是努力將注意力集中在眼前的工作，等待情緒過去等等。

這些方法確實有所幫助，但基本上只能消解比較輕微的情緒。輕微的情緒要處理起來，原本就沒有那麼困難。如果用前面所列舉的那些方法可以順利消解，就完全沒有必要去否定它。

不過，會閱讀這本書的人，通常已經知道這些方法難以解決自己的問題。所以，接下來我會更詳細地說明人之所以會陷入「情緒化」狀態、「被情緒綁架」的機制，以及徹底應對的方法。

本書的目標不單單只是「讓自己努力不去在意」，而是要從根本解決問題。

因此，**剛開始的第一步，就是要——**

「肯定那些通常被認為要放下的負面情緒，並接納它們是自然且有用的。」

要肯定「憤怒」的情緒，在某些狀況下不是那麼容易的事。

特別是之前被批評「連這種事也不知道」的例子，由於被指責的是自己「不足的地方」，所以當中還隱含著「不能生氣，應該要虛心接受批評才會成長」的道德要求（此處的「應該」是導致「情緒化」的重要因素，後續的第5章會詳細說明）。

但是，突然遭到惡劣的言語攻擊，任誰都會覺得生氣，這是做為活生生的人理所當然會有的反應。

因此，只要能夠肯定「自己突然遭到惡劣的言語攻擊，所以受傷了而感到憤怒」，狀況就會有所變化。

一個是認為自己「應該虛心接受對方的批評」，一個是安慰自己「話雖如此，還是遭遇了惡劣的對待，真是難受」，兩方「情緒化」的程度絕對大不相同。

不用說，後者「被情緒綁架」的機率自然更低。只要想像一下我們跟別人訴說這份委屈時的狀況，就很容易明白這個道理。

例如，當我們告訴別人，「有人嘲笑我怎麼連這種事也不知道」，對方不但能同理共感，還安慰我們「說這種話也太過分了」、「不知道又不會怎麼樣」，這時我們不只不會變得「情緒化」，反而還會被安撫與療癒。

相對地，如果對方反而說：「你確實是不知道啊，說人家嘲笑你也太誇張了，他是為你好才會好心提醒你，不需要太在意。」又會怎麼樣呢？

原本就已經處在爆發邊緣的人，最後一定會「情緒化」起來吧。

POINT

越否定自己的情緒，越容易「被情緒綁架」。

「情緒化思考」，讓人越「想」越氣

「計畫被打亂的憤怒」、「衝擊帶來的憤怒」和「評價所引發的憤怒」，這些都是一時的情緒。只要理解成因，就不至於一直被這些情緒支配、綁架，而能慢慢地消解。

但有些時候，我們卻會不由自主地去增殖這種瞬間的「不快」及「惱怒」。下面就來看看幾個例子。

例：部屬沒有把我交代的工作做完就回去了，讓我氣得什麼事都做不下去。

這種狀況在「情緒化」的模式中很常見吧？

事情的起因，是從發現部屬「沒有做好該做的工作」這個「衝擊」開始；在此同時，這對上司來說也是「計畫被打亂」的狀況。

原本預計的是「這項工作交給部屬就結束了」，所以當事情沒有照著計畫走，絕大多數的人都會「怒火中燒」。

到這個地方為止，都是身為人再正常不過的反應。「怒火中燒」的情緒，是一個提醒的訊號，告訴我們「因為得知事情沒有按照預定計畫進行，所以受到了衝擊」。

需要做出選擇的，是之後應對的方法。

基本上，一旦像例子中那樣，「情緒化」到什麼事都做不下去，很可能就是自己在不斷增殖這些情緒。

起初只是計畫被打亂和受到衝擊時所產生的反應，卻因為之後一直想著「被交代的事沒做完就敢回去，到底在想什麼」、「那傢伙是不是瞧不起我」，導致怒氣像滾雪球般越滾越大。

也就是說，「情緒化」不是情緒的問題，而是思考的方式所導致。這才是關鍵所在。

遇到狀況時瞬間所產生的情緒，沒有任何問題，這不過是人類對於「計畫遭打亂」、「受衝擊」以及「被評價」等攻擊所做出的自然反應。

但是，之後不斷縈繞在腦中的「那傢伙是不是瞧不起我」等等的想法，就會讓事態往不對勁的方向發展。直到此時，人才真正開始變得「情緒化」。

像這種容易讓人變得「情緒化」、「被情緒綁架」的思考，在本書中稱為「情緒化思考」。

一開始面對「衝擊」時所產生的怒氣，還能說是情有可原的自然反應；但之後不斷增殖的怒氣，對於現實可就毫無助益。畢竟部屬已經回去了，也不可能要他繼續完成工作。

那麼，遇到這種情況時應該怎麼辦呢？

是告訴自己：

「再這樣發火也不是辦法，應該放下情緒。」

「應該要控制自己的怒氣。」……這樣嗎？

如果是比較輕微的情緒，或許能夠這樣處理。

像是前面提過的活動身體，或是走到戶外，讓自己換個地方冷靜一下，或許能因此轉換心情，這部分還有很多可行之計。

然而，如果這樣做也無法順利消解情緒，卻還是拚命地說服自己「應該控制怒氣」，有時就會讓事態更加惡化。

也就是說，越想要壓抑怒氣，就越可能加深「情緒化」的程度。

因為，我們會對於無法平息憤怒的自己更加生氣，進而讓憤怒占滿心思，控制了整個思考。

結果，只有自己一直被困在糟糕的感受裡，被討厭的情緒不斷折磨（丟下工作的部屬說不定早就在哪裡開心玩樂了）。

所以，接著我們就要來看看，可以怎麼改變這種思考方式。

POINT

生氣沒有錯，但「情緒化思考」會讓它膨脹、增殖。

之所以「情緒化」，是「不想被瞧不起」

首先，我們來檢視一下上司認為「被交代的事沒做完就敢回去，到底在想什麼」的思考方式。

當然，上司之所以發火的其中一個原因，是受到了「部屬沒把工作完成就回去」的「衝擊」。

但是，這種程度的衝擊所引發的憤怒，其實不會持續太久。就像腳趾不小心撞到了家具，即使當下痛得無法動彈，但只要幾分鐘就會緩解，這樣的怒氣通常也會隨著時間消退。

特別是這個上司眼前還有必須完成的工作，最好的方式自然是先靜下心來趕工，這樣「衝擊」造成的影響才會減輕。但他卻偏偏一直陷在負面的思考裡，這又是為什麼？

因為，部屬沒把他交代的工作完成就回去，讓他產生了「對方是不是輕視自己、不當自己是一回事」的想法。

對方不是單純地忘記，而是「輕視自己、不當自己是一回事」，這種思考方式就是讓憤怒及屈辱感不斷增殖的「情緒化思考」。

這種思考在一般「被情緒綁架」的情境裡經常可以窺見。即使不到「覺得被輕視」的程度，但幾乎所有狀況都會讓人產生「自己不受尊重」的感受。

舉例來說，不小心在路邊和別人擦撞了，有些人會為了要不要道歉的問題而變得「情緒化」，就是跟「對方是不是瞧不起自己、吃定自己」的想法有關。

這種思考方式會將自己貶低至弱者的地位，後續會再說明，這裡要注意的是它所造成的「效果」。

基本上，一**直執著於「對方是不是輕視自己」**，而讓怒氣越見飆漲，**最後能造成「不被輕視」的結果嗎？**

由於當事人根本不在眼前，自然是不可能。

或許上司會因為「情緒化」了起來，直接打電話去斥責部屬，但是，這會讓他獲得對方的尊重嗎？

答案想必是否定的。部屬甚至還可能覺得，「情緒化」地打電話過來罵人的上司「心胸狹窄、沒有氣度」。

因為，現在的社會觀感都一致認為，無法冷靜自制，也就是容易「情緒化」的人，是不成熟的人。所以，對於「對方是不是輕視自己」所提出的抗議，反而很可能讓對方更加瞧不起自己。

POINT

越不想被輕視，就越容易被瞧不起。

「情緒化」是一種「偏離目標的防衛」

前面已經提過，情緒是人類用以自我防衛的一種能力。就像痛覺是為了保護身體，當人惱怒時，也是在提醒自己「受到了某種傷害」，需要保護內心。

這麼一想，「情緒化」的表現方式雖有所偏差，但仍然可以說是在「防衛自己的內心」。

但是，「情緒化」這種保護自己的方式，不僅沒什麼效果，還可能將自己置於更危險的境地。

明明一開始只是因為計畫被打亂或受到衝擊而產生的反應，卻為了保護自己而變得「情緒化」，讓自己更加痛苦。

運氣不好的話，還可能被對方輕視，或是面臨反擊……

這種不恰當的自我防衛，本書稱為「偏離目標的防衛」。

這種說法可能有點不尋常，如果是常見的「過度防衛」，大概就比較容易理解了。

所謂的「過度防衛」（法律中也有這個名詞），是指原本以防衛為目的的行為，由於各種原因變得過於激烈。只不過，**「偏離目標的防衛」並不是「過度」的問題，而是「方向錯誤」**。

也就是說，做出這些行為原本是為了保護自己，結果完全沒有發揮保護的作用。就像前面那個例子，只是一味對沒有完成工作就回去的部屬大發雷霆，非但得不到部屬的敬重，還會因為處理危機的方式太過拙劣，而被部屬輕視。

POINT

想用「情緒化」來保護自己，反而會陷入危險境地。

與其「發飆」，「說明」更容易達成目的

再來看看以下這個例子。

例：今天要和戀人第一次約會，偏偏上司突然說要加班！一氣之下就說出「這種公司辭掉算了」。

這個「計畫被打亂了」的結果非同小可，也難怪當事人會大受打擊，滿是負面情緒。但是，就這樣脫口說出「這種公司辭掉算了」，還是「偏離目標的防衛」。這時除了重要約會遭到攪局而產生憤怒，更強烈激發出了「自己不受尊重」的「情緒化思考」。

對自己來說極為寶貴的機會，就這樣被視若無物，當然會覺得沒有受到尊重。

或許，情緒暴走是為了想從惡劣的公司手中拯救、保護自己，但就現實面來說，並不能真正有所助益，反而可能被旁人看成是「容易發飆的傢伙」，而在職場上難以立足、陷入窘境。若是公司將自己脫口說出的「辭掉算了」當真，還可能當場就丟了工作。

為了真正保護自己，需要鄭重地告知對方，「今晚有一件非常重要、無法異動的事」，所以不能加班，好好讓對方理解。

光是發飆暴走，對方也不會知道你真正的訴求是什麼。直接跟上司商量「今天無論如何都無法加班」，從整體來看更能保護自己。

POINT

只是發飆，對方也不會知道你的訴求是什麼。

為什麼失誤過一次，就會反覆失誤？

「偏離目標的防衛」會引發的不只是「憤怒」而已。接著來看看另一個例子。

例：因為過去的失誤感到不安，導致後來反覆失誤。

「情緒化」通常是指失去理性、情緒高漲而波動的狀態，除了「憤怒」，「不安」也是常見的表現之一。而且就如同憤怒一樣，不安也會因為「情緒化思考」而不斷地膨脹、增殖。

失誤、出錯，是一種會造成衝擊的體驗——明明是照著慣常的方式處理，突然間卻發現（或被指責）自己失誤、出錯了。

受到衝擊後，往往會因為「不想再次受到衝擊」而心生警戒，陷入「要是又失誤了該怎麼辦」的負面思考，導致無法集中心智，而一再地失誤。

這時所產生的，就不只是對於衝擊的反應，還引發了「自己是不是很容易出錯」、「要是再失誤評價就會降低」等「情緒化思考」，讓自己飽受不安的折磨，於是又再次犯錯。

像這種「過度不安導致一再失誤」的狀態，也是一種「偏離目標的防衛」。但由於受到衝擊時，身心都會進入「不想再次受到衝擊」的警戒模式，所以實在很難防止。

然而，若能自覺「現在受到了衝擊」，就有機會控制事態、沉著下來，靜待衝擊過去，不至於因為「偏離目標的防衛」而更加受傷。

至少，只要能夠提醒自己「現在正受到衝擊，所以要比平常更加留意」，大概就會順利渡過這段時期。

到目前為止，我們已經見過許多「情緒化」的情境，可以說「情緒化」就是一種「偏離目標的防衛行為」。

這可不只是「情緒化的人會被認為不夠成熟」這種程度的事，而是「完全無法保護自己」的嚴重狀況。

因此，本書就是要引導大家如何正確地保護自己，而要做到這一點，就必須有智慧地「活用情緒」。

接著，我們就來看看有哪些方法吧！

POINT

只要察覺受到了衝擊，就有機會控制事態、沉著對應。

要穿哪一件衣服參加聚會呢？
如果穿錯了出洋相，
大家一定會偷偷笑我的，好焦慮……
我好像沒有這個煩惱~~

第 2 章

每一種情緒，都是真實的自己

自我肯定感不足，容易變得「情緒化」

容易「情緒化」的人，
往往也是「自我肯定感」低落的人。
當我們無法接納原本的自己，
或是認為不會有人在乎自己，
而習慣掩蓋真實的感受，
就等於和自己的內心斷了連結，
更容易陷入「情緒化」思考，
也會慌張地向外界發動「偏離目標的防衛」。

無論生氣、焦慮或不安，
每一種情緒都代表真實的自己，
坦然面對它，給予理解和撫慰，
它就不會一直悶燒而引爆人際地雷，
你也才能帶著穩定的安全感，努力應對眼前發生的事。

「情緒化」反應就像創傷後遺症？

上一章說明了人為何會「情緒化」、「被情緒綁架」的運作機制，由此可知，就算處於相同的情境，也並非每個人都會變得「情緒化」。

那麼，「容易情緒化的人」與「不容易情緒化的人」，到底有哪裡不一樣呢？

首先，**容易「情緒化」的人所具有的特徵之一，就是「其實不太了解自己真正的情緒」**。

最極端的例子，就是「創傷後遺症」（PTSD）。

有人可能會覺得，「我是為了解決情緒化的問題才讀這本書的，這跟創傷後遺症有什麼關係？」

然而，創傷後遺症與「被情緒綁架」這個主題有很深的關連，所以請大家稍安勿躁，先聽聽我的解釋。

創傷後遺症是「創傷後壓力症候群」（Post-traumatic stress disorder）的簡稱，意指人在遭逢重大衝擊後造成了內心創傷，隨著時間過去仍會出現焦慮、恐慌等症狀的心理疾病。

例如，在戰場上經歷過生死關頭的人，即使回到平和的環境，仍會對他人及周遭十分警戒，一直處在精神緊繃的狀態（稱為「過度警覺症候群 hypervigilance」）。

身處險境時，這是適當的防衛模式，但若是已經回到安全環境的現在，就會變成「偏離目標的防衛」了。

既然回到了安全的環境，為什麼還會不自覺地做出防衛呢？

這是因為有創傷後遺症的人，是透過「世界是危險的」、「人是背叛的動物」這樣的有色眼鏡（評價），去看待他面對的整個世界。

這種狀況並非只會發生在創傷後遺症的患者身上。

我們都是像這樣，透過「自己的評價」去看待事物——或許應該說，我們是透過自己至今為止所累積、建立起來的「資料庫」，在看待這個世界。

「容易情緒化的人」，背後也有著各式各樣的資料庫。

例如，如果他的資料庫裡存在著「別人經常瞧不起我」的資訊，看到別人在跟自己說話時打哈欠，就不會像一般人那樣覺得「對方是不是累了」，而會認為「對方輕視自己」。

醫學界對於創傷後遺症的療法不一而足，而我身為專攻「人際關係療法」的精神科醫師，則是以「重視情緒」做為首要的治療方式。

而原因就在於，**曾經置身在造成嚴重心理創傷的環境，這樣的人**

往往會失去感知自我情緒的能力。

由於他們的經歷太過慘烈，因此會出現情緒麻木、喪失現實感等症狀，這是人類為了活下去所啟動的機制（當然是無意識的）。

舉例來說，小時候遭受嚴重的虐待及霸凌，被困在物理上無法實際逃離的環境，就會在精神上形成「逃避」的狀態。

這樣的狀態可能會發展成「解離症」等各種精神疾病，最顯著的有所謂的「多重人格」（解離性身分疾患），其他還有喪失一定期間的記憶、或者失去現實感等狀況，這些都是人在無法面對自己的情緒時，所形成的症狀。

而「人際關係療法」關注的重點，就是讓患者置身在安全的治療場所，努力去感受自己的情緒，並且建立起更適合自己的環境，以因應這些情緒。面對、理解自己的情緒，再試著傳達給可以讓自己安心的人，就能重新取回對他人、對自己的信賴感。

不過，說是「可以讓自己安心的人」，其實一個人真正的情緒，是要在感到安全的整體「環境」和「氛圍」中，才會釋放出來——這一點有著極大意義。

例：朋友常鼓勵我，「想說什麼就儘管說」，但因為從小就一直被叮嚀「要忍耐」，所以根本不知道自己想說什麼。

就像這個例子，很多人因為從小壓抑，長大成人後就失去了與自我情緒的連結。

例如許多有酒精依存症的人，都是為了逃避自己的情緒而染上酒癮，因為他們不知道如何開口求助，告訴別人「自己正陷入困境」，最後只能藉由酒精來逃避痛苦。

例： 離婚後成了工作狂，不工作的時候就坐立難安，看到不認真努力的人也會覺得火大，真的很擔心自己會變成職權騷擾的上司。

這個例子則是不肯面對「內心的寂寞」，所以將所有心神投注在工作上。這樣其實很危險，一不小心可能就會崩壞、倒下。

除非願意去理解離婚後所產生的情緒（寂寞、空虛），告訴自己「是啊，離婚真的讓人非常難過」，最後才能溫柔地接納自己。

如果只是拚命將情緒掩蓋起來，要求自己「以後就為工作而活」，那會怎麼樣呢？恐怕就會一直處在精神緊繃的狀態，跟周遭其他人的關係也會逐漸惡化。

由此可知，與自己的情緒建立連結，是多麼重要的事。因為無論自己有沒有察覺，身心都會有所感受，進而化為症狀表現出來。

這麼一想，就會覺得人真是神奇的造物，所有浮現的這些症狀，都是在提醒我們需要支援和幫助。

無論是因為離婚而內心受創的人，或是沒有這個煩惱的人，都需要在安全的環境裡，感受原有的情緒，這是保持身心健康，好好活著的第一步。

從小就被迫活在「忍耐」之中，被教育「產生負面情緒是壞事」的人，首先就要認知到，自己正處於何等「危險」的境地。

POINT

無論自己有沒有察覺，身心都會有所感受。

強勢的人，
真的很有自信嗎？

包括創傷後遺症在內，罹患心理疾病的人大多有自我肯定感低落的問題。

所謂的「自我肯定感」，就是「無條件地肯定原本的自己」。想要健康、幸福地活在世上，這是絕對不可或缺的要素。

而容易「被情緒綁架」，也與自我肯定感低落有著深切的關連。

由於「情緒化」的人看起來多半很強勢、具有攻擊性，所以可能會讓人誤以為：「他們的自我肯定感應該很高才對啊？」其實完全不是如此。

自我肯定感就像是「內心的空氣」。人如果失去空氣會很痛苦，同時還會危及生命；自我肯定感也是一樣，過於低落也會讓人感到痛苦、活得艱辛。我們雖然看不到它的存在，可是一旦失去了，就會浮現出各種症狀——

覺得自己沒有價值，覺得自己的人生沒有價值。

覺得沒有人愛自己、珍惜自己。

最糟糕的是，連自己都不珍惜自己。

如果擁有一定的自我肯定感，就會得到「別擔心，總會有辦法」的穩定安全感。然而，當自我肯定感低落時，我們只會忙著尋找自身的缺陷，在這種情況下，根本不可能獲得內心的安定。

POINT

總是在尋找自身的缺陷，不可能獲得內心的安定。

「現在，這樣就好」——肯定原本的自己

接著，我們再多探討一下「自我肯定感」。

每一個人，都是值得尊重的存在。

「不努力的人，不值得尊重。」

「沒有得出成果，就無法被人認同。」

或許有人會這麼想，但每個人都有各自的問題及原由，都是經歷過各種狀況才走到了「現在」。

況且再怎麼說，人只是血肉之軀，需要休息，能耐也有一定的限度，就算覺得「必須更努力」，也不一定做得到。從這個角度來思考，就會發現大部分的狀況，最終只會得出「現在，這樣就好」的結論。

即使希望明天更加進步，但考慮到至今的處境，「現在，這樣就好」。如果不能像這樣肯定現在的自己，就難以取得真正的進步。

一旦缺乏「現在，這樣就好」的感受，就等於在已經毀壞的基礎上仍不斷堆疊，不知何時就會直接崩塌；遭遇問題也無法冷靜判斷，只會慌張地到處掃射，發動「偏離目標的防衛」。

就像極度恐懼蟑螂的人，只要感覺到蟑螂存在的氣息，就會恐慌地到處亂噴殺蟲劑，完全無法思考那裡到底有沒有蟑螂、還有沒有更好用的方法，這樣亂噴殺蟲劑會不會污染環境等等。

總之，他們的腦袋裡只有「蟑螂好可怕！」這個念頭，以致於完全失去理智。

「被情緒綁架」也是同樣的狀況。

如果能冷靜地衡量，想必會有其他更具效果的做法。但是，「情緒化」的人只是憑著當下覺得自己「被攻擊了」、「被誤會了！」，就想盡辦法要「報復」回去。

然而，這樣的「報復」從頭到尾也只是本人的獨角戲。

遭受到「情緒化」攻擊的人，其實根本不知道對方想要什麼，就連周遭的旁人也會被波及，陷入緊繃的氛圍。

真的要保護自己，就必須坦誠地面對原本的情緒，採取冷靜的行動。當怒氣產生時，承認自己陷入了困境，再思考可以向誰求助，或找到其他改善問題的對策。

就像這樣，帶著「現在，這樣就好」的自我肯定感，努力「應對眼前發生的事」，就不會掉進「被情緒綁架」的泥沼，而能沉著地尋求解決之道。

POINT

「情緒化」的報復舉動，只是本人的獨角戲。

麻煩的根源，
來自於「角色期待」的落差

例： 因為工作出狀況而心情低落，回家跟丈夫訴苦，結果他不但沒有給予安慰，還反過來抱怨「我才是……」，氣得讓人想掐死他。

首先，請看看這個例子。像這樣的狀況，妻子應該怎麼想、又要採取何種行動呢？

在討論這一點之前，我們先來說明「角色期待」這個概念。

在前言中提過，我是專攻「人際關係療法」的精神科醫師，也一直致力於將這項療法引進日本。

這項療法主要是幫助患者了解自己與身邊親近者的關係型態，與疾病症狀相互之間的連結性，並以此為基礎來進行治療。

而此處借用的，就是其中的**「角色期待」**這個概念，亦即——**「之所以對某人產生不滿，是因為對方沒有按照自己的期待，扮演好應該完成的角色」**這樣的思考模式。

在這個例子裡，妻子期待丈夫扮演好的角色是「當她說自己因為工作出狀況而心情低落，就要給予安慰」。

結果現實中的丈夫卻反過來抱怨起自己的辛苦，而和妻子的期待產生了落差。

後續會再以各種形式分析「角色期待」出現落差的問題，而這裡要探討的論點則是：

「妻子的期待對丈夫來說是合乎現實的嗎？」

雖有個人差異，但大多數的男性其實都不擅長解讀他人的臉色及需求，在這一方面女性要更為嫻熟。

不擅長察顏觀色，意味著「他人若不直接以言語表達」，就不會了解他人期待自己要怎麼做。

所以，如果把對丈夫的角色期待改成這樣呢？——

「當自己工作出狀況而心情低落、需要安慰時，只要開口請求，對方就會安慰自己。」

這麼一來，大部分的丈夫應該都能做到。要是丈夫開始抱怨起自己的事，還可以直接打斷他說：「等一下，今天就先聽我訴苦吧，拜託嘛。」

男性大多屬於課題達成型，只要請求他們「這麼做」，他們通常都會認真地去執行。

妻子之所以感到「憤怒」，是因為丈夫沒有滿足她對他的「角色期待」，除此之外還有「計畫被打亂了」。

如果了解自己有著什麼樣的「計畫」（期待），並在發現落差時進行修正，就能減少很多現實狀況造成的壓力。

這就是有智慧地「活用情緒」。

具體來說，也就是「請求丈夫，在自己因工作出狀況而心情低落時，給予安慰」。

POINT

釐清自己的期待，才能活用情緒達成目標。

「為什麼不懂我！」的想法，造成彼此的距離

雖然前面說過，只要有智慧地「活用情緒」，就能避免「被情緒綁架」。但現實中如果遇到跟前述這對夫妻相同的狀況，大多數的人還是很容易變得「情緒化」。

這又是為什麼呢？

這是因為，當妻子看到反過來抱怨自己很辛苦的丈夫時，腦子裡只有：

「為什麼不懂我！」

「根本就不尊重我！」……這樣的想法。

然後就陷入了48頁所說的「情緒化思考」。

當妻子變得「情緒化」，丈夫也會反彈，或至少從頭到尾都不知道「妻子到底要自己做什麼」。

最糟糕的情況，就是妻子完全沒有傳達出自己的感受，反而還被丈夫暗自揣測「老婆是不是更年期到了」。

一旦被困在「情緒化思考」之中，眼前的丈夫本身就消失了，滿腦子只剩下「為什麼不懂我！」、「根本就不尊重我！」的想法，怒氣也跟著越見高漲。

就算丈夫之後停止抱怨，妻子心中的氣惱也不會就此平息，還可能急速升高到「乾脆離婚吧」的程度。

這就是「情緒化」狀態演變的過程。自己的思考偏離了當初的問題，只是不斷地衍生出「情緒化」的情緒。

很多被認為「太過情緒化而無法以言語溝通」的狀況，都是因為受困於「情緒化思考」，使彼此的溝通出現落差。

例如，先前曾提過一個解決方法，就是「當丈夫開始自顧自地抱怨時，可以打斷他，然後說明自己對他的期待」。

這個建議可能會激怒某些人：「什麼？還得要說到這種程度才能懂？」對於認定「丈夫完全不懂我！根本不尊重我！」的人而言，這樣的說法或許會讓他們覺得「居然在幫丈夫說話，真是太過分了」。

就像這樣，即使是閱讀同一篇文章，有人能從中找到共鳴點，覺得「原來可以這樣解決啊」；有人卻會產生「什麼？」的不信任感。

之所以產生這些差異，是因為各自面對現實的思考方式，也就是看待世界的角度，完全不同所導致。

POINT

「情緒化思考」，會讓世界看起來截然不同。

「有智慧地活用情緒」，不等於「正面思考」

不過，面對現實的思考方式會影響自己看待或感受世界的角度，並不是什麼新穎的觀點。

舉例來說，令人耳熟能詳的「正面思考」，就是透過積極、正面的角度去看待現實的行動提案。

然而，本書想要呈現的觀點，卻正好與「正面思考」完全相反。

因為，「正面思考」之中還帶著對於負面情緒的「否定」，也就是「負面情緒有害，所以要保持正向積極」的觀點。

但是，像這樣**否定自己的情緒，不斷地「勉強」自己，很可能會在某個時間點一舉爆發，或是落得油盡燈枯的境地**。

否定正常、自然的情緒，是非常不健康的事。這就像碰觸到滾燙的東西而感覺疼痛時，還硬逼著自己要說：「哇啊——冰冰涼涼的好舒服啊。」

所以，本書的立論點，就是要從**「肯定自己的負面情緒」**做起。

現在來探討一下前面的例子。

因為丈夫沒有滿足妻子心目中的角色期待，所以妻子用「憤怒」的情緒來表達自己「陷入了困境」。

這樣的情緒並不需要加以否認。

當然，如果再加上「為什麼不懂我！」、「根本不尊重我！」的「情緒化思考」，就會發展成「被情緒綁架」的狀態。

但是，這時只要帶入「角色期待」的思考角度，整個狀況就會完全改觀。

自己原本期待對方扮演什麼樣的角色？

自己又傳達了多少讓對方知道？

這樣的思考，可以讓自己冷靜許多。

如果只是在腦中思考有點困難，可以試著寫下來。

當內心的感受過於混亂，將它們攤在陽光下，會更好應對。

所謂的「攤在陽光下」，就是在治療時分享出來，或是試著告訴足以信任的朋友；當然，將它們全都寫在紙上，也是很有效的方法。

這麼一來，或許就能將自己對丈夫的角色期待，修正為「當自己工作出狀況而心情低落、需要安慰時，只要開口請求，對方就會安慰自己」，然後再把它傳達給對方。

這樣一來，妻子也能看見丈夫完全不同的嶄新樣貌吧！

明明不擅長察覺妻子的情緒，卻拚命想要幫上忙的模樣。

雖然笨拙，但努力想試著傾聽的模樣。

當妻子看到這些，應該就能放下之前「為什麼不懂我！」、「根本不尊重我！」的「情緒化思考」。

也就是說，「情緒化思考」是能隨著自己與對方在現實中的互動，進而調整、修正的。

即使起初會覺得「什麼？還得要說到這種程度才能懂？」，但目睹了丈夫的努力，自己的「情緒化思考」大抵也會得到平撫和療癒。

POINT

「情緒化思考」能在雙方的互動改變時，得到修正與平撫。

說不出真心話，跟自我肯定感有關？

不過，很多人的問題是：「雖然知道表達自己對對方的期待是很重要的事，卻總是說不出口。」

這又是為什麼呢？

例：之前就很討厭丈夫隨地亂丟襪子，但因為被說過別老是囉嗦小事，所以一直在忍耐。這天突然受不了了，便對丈夫大吼：「你不要太過分了！」

之前一直忍耐的妻子，為什麼突然間就情緒爆發了呢？我們試著來探討一下吧。

在「隨地亂丟襪子」這件事情上，丈夫對妻子的角色期待是「別老是囉嗦小事」。

而妻子對丈夫的期待，則是「至少可以管理好自己的襪子」，但丈夫卻完全不予理會。於是妻子只能逼迫自己忍耐，同時努力達成丈夫的角色期待。

兩者之間的期待落差，就形成了不斷悶燒、累積的壓力。

妻子之所以突然情緒爆發，是因為摻入「過去已經忍你很久了」的思考，才會變得如此「情緒化」。

每當出現如此激烈的情緒暴發，通常都與「被害者意識」有所關連。所謂的「被害者意識」，就是：

「只有自己受到損害。」

「只有自己被迫犧牲。」

「為什麼一直都是我在……」這樣的感覺。

在這個例子中，妻子的「被害者意識」其實就是「自己沒有被好好珍惜」。

突然被妻子怒吼的丈夫，應該也是一臉茫然吧！因為之前一直覺得妻子理所當然會接受的事，突然被「情緒化」地斷然否定了。

話雖如此，身為一個成年人，本來就該好好管理自己的襪子（至少要放進洗衣機），會對連這種事都做不到的丈夫感到「不爽」，也是很正常的事。

然而，不直接告訴丈夫「至少要放進洗衣機」，丈夫也不會知道妻子真正的期待是什麼。這時，妻子可以有兩種應對方式。

應對方法①　將指責改為「請求」

可以想見，當丈夫要求妻子「別老是囉嗦小事」，妻子的反擊一定是責備對方「誰叫你亂丟襪子！」。

男性通常不知道要怎麼應對別人的指責，因為他們非常在乎「自己做得夠不夠好」。受到他人的指責，就代表「自己做得不夠好」，會讓男性感到沮喪、受挫。

於是，他們可能就會轉而採取攻擊的態度，拒絕與對方溝通。

如果之前妻子確實是用「指責」的態度在說襪子的事，也就是問題出在妻子說話的口氣，那麼只要改用「請求」的方式，丈夫的應對就會改變，妻子也能減少「被情緒綁架」的機會。

或許妻子會覺得，「管好自己的襪子本來就是天經地義，還要特別去請求他？」但是，如果換個角度想像一下，丈夫也可能一直在暗自擔心「自己做得夠不夠好」，心境或許就會更加包容。

然而，要是已經請求對方，丈夫仍然堅持要自己「別老是囉嗦小事」，這時還有另一個應對方法。

自己這邊都善意地做出「請求」了，丈夫卻「完全不予理會」，彷彿妻子是個「心胸狹窄、只會碎碎唸挑毛病的人」，這就不能說是健康的夫妻關係了。嚴重一點的狀況，妻子很可能一直處在丈夫的支配、控制之下。

或許有人會覺得「這個丈夫很可惡！」，不過，這種情況通常也跟妻子的自我肯定感低落有關。

應對方式② 關注自己的「自我肯定感」

如果妻子有一定程度的自我肯定感，就能直接跟丈夫說：「記得把脫下來的襪子放進洗衣機喔。」即使被抱怨「別老是囉嗦小事」，也能加以反擊：「就是小事才重要啊。」

如果連這樣都做不到，只能不斷忍耐，不敢說出真正想說的話，問題很可能就出在自我肯定感低落。

當然，自我肯定感低落的人，一定背負著某些不為人知的問題及原由，想讓他們努力說出真心話，是十分困難的事。

但是，即使已經用「請求」的方式表達自己的需求，丈夫卻仍然擺出反抗的姿態，那就必須認真地重新審視彼此的關係。而為了釐清這個問題，就更要鼓起勇氣，試著說出真心話。

在實際的治療場合，常會聽到有人說：「跟我先生說這些根本沒用。」但真的說出口之後，很多丈夫反而是直接回應「我知道了」，讓妻子跌破眼鏡。其實，很多男性只要知道解決的方法，就會覺得安心而保持平靜。

自我肯定感低落的人，通常會因而戴上「不會有人聽我說話」的濾鏡，來看待這個世界。

就算不能馬上脫下，至少也要知道自己戴著這樣的濾鏡，在對的時候試著說出真心話，讓彼此的關係更為穩固、健康。

人與人之間的關係，是需要培育、經營的。

如果總是悶不吭聲地收拾襪子，就會讓它變成理所當然的事，對方也不會覺得這樣有任何問題。

但是，如果請求對方「麻煩你把脫下來的襪子放進洗衣機喔」，同時不斷表達「謝謝你，我好開心喔！」的謝意，獲得鼓勵的丈夫，說不定哪天就會開心地把洗衣服的工作全包下來了呢。

男性對於「往哪個方向努力會獲得稱讚」，有著敏銳的感受力。

認為「絕對不能情緒化」的人，總是把情緒當成是支配自己的力量，但情緒其實是可以經由解讀，進而有智慧地加以活用的。

POINT

不試著表達真實的感受，一切就會變得理所當然。

已讀立刻就回，才是愛的證明？

前面針對「憤怒」討論了很久，接著我們就來看看「不安」吧！

例：男友每次都要隔很久才回 Line，雖然不想讓他覺得自己很黏人，但還是承受不了寂寞的感覺，忍不住指責對方。

雖然開口指責，但這位女友真正的心情其實是寂寞、孤單。如果她懂得「適切地保護自己」，就會跟對方說：

「你每次都好久才回 Line，害我好寂寞～～因為我真的太喜歡你了！」相信會得到完全不同的回應。

男生雖然害怕受到指責，但對這種散發著「你好重要」的訊息，可是毫無招架之力。

如果像例子中那樣指責對方，男友就會產生「自己做得不夠好，所以被指責了」的挫折感。

我想任何人都可以看出，這與「哎呀，原來她很寂寞，真可愛啊」是大相逕庭的反應。

如果再繼續指責下去，她與男友未來的關係可能就不太樂觀了。

責備對方很久才回 Line，本意是要維護彼此的關係、想讓自己與對方更親密，結果反而變成男友討厭的「只會指責的女生」。要是他因此失望離開，只能說這完全就是「偏離目標的防衛」。

如果被「不安」所困擾，就要試著去觀察自己的「情緒化思考」到底是什麼。

在這個例子中，**女友原本的情緒是「寂寞」，一旦發展成「情緒化思考」，就會變成——**

「如果他真的愛我，應該會很高興接到我的 Line，然後馬上回覆（所以，他為什麼總是很久才回？）」。

若是透過這樣的濾鏡來看，男友對待自己的方式似乎就「不夠適切」了。

問題是，女友的這種「情緒化思考」，是與男友共通的想法嗎？

我們試著來思考一下，男友為何總是很久才回訊息。

可能他原本就是我行我素的人，或者本來就不常確認手機，抑或是他覺得「已讀」就是一種愛的表現了。

如果不知道這其中真正的原因，就無法確認對男友來說，什麼樣的行動才代表「愛」。

況且，每個人對於 Line 的訊息也各有不同解讀，硬要說那是愛的證明，有些人可能還會覺得莫名其妙。

至少在這個例子裡，「如果他真的愛我，應該會很高興接到我的 Line，然後馬上回覆」的「情緒化思考」，男友就完全沒有共鳴。

如果男友是以自己的步調在給予女生回應，結果卻遭到責備，這對男友來說可能會是衝擊強烈的受傷體驗，甚至會失去未來和這個女孩共度人生的信心。

基本上，這是一個需要調整「角色期待」的狀況——

希望對方可以「盡快回覆 Line」，但對方沒有滿足這項期待，所以感到寂寞。

這時，就需要和對方一起討論、思考什麼樣的角色期待，對男生來說是比較務實的設定。

對方不會知道「你所認定的理所當然」。所以最好的方式，就是直接告訴對方自己覺得「寂寞」的感受，以及「不想被認為是黏人的女生」的顧慮，這能讓雙方更容易商量如何修正往後的角色期待。

此外，「對方要是認為自己要求太多該怎麼辦」的揣測，也經常會干擾雙方的溝通與理解。

如果男友真的認為「女生要求太多」，這就是一種對女生造成傷害的論斷。在第3章會探討「論斷的暴力性」，但若是從「角色期待」的觀點來看，其實不需要先擔心男友會論斷自己「要求太多」。

因為問題的起因只是女生「期待」他能盡快回覆訊息，而這個期待對他來說有點不符現實而已。

本書之所以一直使用「偏離目標的防衛」這個不太尋常的名詞，也是想要明確區分它與「過度防衛」的不同。

這裡要再重申一次，不是自己「要求太多」，只是「自己的期待從對方的角度來看不太務實」而已。

所以，**不需要用「要求太多」這種彷彿「錯都在自己」的自虐性說法，來定義眼前的狀況**。

POINT

將「不安」說出口，可以促進理解、緩和局面。

自我肯定感低落的人，常會這樣說話

將「情緒」訴諸語言表達，能讓彼此共同面對「情緒化思考」，同時修正在「角色期待」上的落差。

但是，就如同前面提過，自我肯定感低落的人，很不擅長說出內心真實的想法。

例：丈夫問我「中午想去哪裡吃？」，我回答「都可以」，結果被帶到我討厭的豬排飯專賣店，我一氣之下丟了句「我不餓！」就回家了。

如果只從字面上來看，或許有人會一頭霧水：

「明明是她說『都可以』的，為什麼還生氣？」

實際上，例子中的丈夫也是這麼想的吧！但妻子就是生氣了。

這裡的重點在於：「丈夫到底清不清楚妻子討厭吃豬排飯？」

這個丈夫應該很喜歡吃豬排飯。

所以，當妻子回答「都可以」的時候，他就放心地認為「今天吃什麼都可以」，然後開心地帶著妻子去了豬排飯專賣店——丈夫的這種心情，我們也能理解。

但妻子卻覺得：「都一起生活這麼久了，應該知道我討厭吃這種重口味的食物啊！」

這種「不用說也應該知道吧」的溝通方式，經常可以在自我肯定感低落的人身上看到。

當被問到「想去哪裡吃午餐」時，只要回覆「想去義大利餐廳」或「除了豬排飯哪裡都好」，就完全不會有問題。

但自我肯定感低落的人卻會習慣性地回答「都可以」，一旦結果不如預期，就直接爆發「情緒化」的反應。

如果明確表示「想去義大利餐廳」或「除了豬排飯哪裡都好」，丈夫就會在這個範圍裡尋找目標。男性大多是課題達成型，只要知道目標是什麼，就會認真地實踐、執行。

再來，即使因為自我肯定感低落，一開始不敢說出自己的期待，在被帶到豬排飯專賣店的時候，也可以說一句「我不是說過討厭豬排飯嗎？」，這樣至少還有挽救的機會。丈夫可能會恍然大悟地回答：「咦？是這樣嗎？」或者「我以為你今天真的哪裡都可以」。

結果自己什麼都不說，只丟下一句「我不餓了！」就跑回家，丈夫不但學不到任何教訓，還會在兩人之間留下不愉快的疙瘩。

這會在第3章做更詳細的說明，也就是**「自己的狀況和原由，只有自己才清楚」。如果無法明確地傳達自己的想法，就代表沒有能力**

「不情緒化地活用情緒」。

自我肯定感低落的人，很難說出自己真正的期望，這一點已經再三強調過。但是，如果能鼓起勇氣表達，而對方也坦率地接受，表示「知道了！」，很多時候就能大幅提高本身的自我肯定感。

「人際關係療法」就是不斷在進行這樣的治療作業。最初一、兩次的「成功經驗」，會有治療者從旁協助，一旦患者感受到被人接納的溫暖後，即使沒有治療者的幫忙，也有能力慢慢克服自己的課題。而這種方法對於心靈健康的人同樣也很有助益。

POINT

「不用說也應該知道」的成見，是阻斷溝通的大敵。

所以蟲蟲你就好好做日光浴，
我來喝個悠閒下午茶，
各得其樂吧～～
不要又越線來騷擾我的小花喔。

第 3 章

理解彼此的「領域」，卸除心靈重擔

重視自己的情緒，才能防範「領域侵害」

健全的人際關係，除了尊重對方的「領域」，
也要對自己的「領域」負責，
認真察覺內心的感受，並且努力傳達出去。
比起逼迫自己忍氣吞聲，這樣才更為成熟。

或許有人會擔心，如果太過重視自己的情緒，
不會難以接納他人的建議而阻礙成長嗎？
就是受制於這樣的想法，
我們對日常中的「領域侵害」才會反應遲鈍。
每個人進步、成長的過程都不相同，
什麼是對自己好，只有自己才知道，
不需要別人的評價和論斷為你決定一切。

為什麼「領域」被侵犯了，還不敢要對方停手？

一旦希望對方「這麼做」的「角色期待」出現落差，就會成為「被情緒綁架」的主因之一。問題是，「角色期待」只是自己對對方的期待，對方不一定就得照著做。

畢竟，每個人都有屬於自己的「領域」。**在成熟的人際關係裡，尊重彼此的「領域」是不可或缺的部分。**

事實上，所有「被情緒綁架」的問題，可以說幾乎都是源自於「領域」意識的欠缺。

這一章就要針對所謂的「領域」加以說明。

舉例來說，如果別人闖進自己家裡還動手打人，所有人都會因此動怒，而且覺得自己「遭受可怕的暴力」、「遇到惡劣的對待」吧！

其實，我們平常就一直在遭受這樣的暴力。

當然，這是指精神上的。

例：聽到朋友說「你怎麼連這種事也不知道？」，情緒就上來了，真的很不喜歡自己這麼容易生氣。

這是第1章介紹過的例子，可以看出對方確實是侵入了當事人的「領域」，把自認「知道這種事是理所當然」的價值觀，硬是加諸到他人身上。

基本上，世間的知識廣博而多元，想了解到何種程度、想優先獲得什麼知識，都是由每個人自己決定。更何況，大家還有各自要背負

的問題與原由。

因此，任何人都沒有資格論斷我們「現在需要知道什麼、不用知道什麼」。

這完全就是在侵犯他人的「領域」。

所以我們會生氣，也是很自然的事。

既然覺得「生氣」，那就直接告訴對方：「不要這樣說好嗎，我會覺得很受傷。」或許就能解決問題。

但就是因為做不到，人才會變得「情緒化」。

為什麼別人侵犯了自己的「領域」，卻不敢讓對方停手呢？

那是因為，我們誤以為對方是在指出自己的「不足之處」，或者真是自己愚昧無知，要是生氣了就像惱羞成怒。

然而，不管是壓抑怒氣，或是忍住情緒不去反擊，都會讓自己更難以跟對方相處。與其這樣，還不如一開始就好好處理及面對。

在這個例子裡，最初的憤怒是源自於「衝擊」和對方的「主觀性評價」，但如果後續仍一直無法平撫怒氣，就要懷疑自己是否陷入了「情緒化思考」。

而這個例子中的「情緒化思考」，大概就是「對方是不是輕視自己」的想法。

當「情緒化思考」不停在腦中打轉，不只會對對方越發不滿，同時還會累積對自己的不滿。

這份不滿來自於「不知道這件事的自己」以及「當時無法適切應對的自己」，結果使自己更嚴重地「被情緒綁架」。

POINT

強迫他人接受自己的價值觀，是對「領域」的侵犯。

能夠忍耐、壓抑自己，才是成熟的大人？

例：朋友每次出遊都把訂房等瑣事丟給我，我實在很不滿，但又覺得斤斤計較很不成熟，所以什麼都沒說。某天，她突然又說：「我想去這裡玩，你去訂房吧！」我終於情緒爆發，說了「我不想再跟你一起出去」，結果這個朋友竟到處跟別的朋友說我「精神出了問題」。

在對方侵入自己的「領域」時，下意識地忍讓；然後，這份忍讓又會連結到「情緒化」的反應。有很多人大概都明白這個原理了，人類是有限度的生物，不斷逼自己忍耐，總有一天會爆發。

之前一起行動時明明沒有任何異狀，卻突然發脾氣說「不想再跟你一起出去」。

從對方的角度來看，這確實是很大的衝擊。

就算被認為是「精神出了問題」，也不見得是不可思議。

而這個情緒爆發的當事人，就是沒有對自己的「領域」負起責任的例子。

明明只要跟對方說一句：「之前都是我訂的，這次換你處理。」就能避免最後的發飆暴走。

這樣的情緒爆發將對人際關係造成毀滅性的破壞，還會讓雙方都留下糟糕的回憶，所以一定要盡力避免。

況且，對於「把訂房等瑣事全都丟給自己的朋友」是怎麼想的，只有自己才清楚，所以是屬於自身「領域」的事。

就是因為自己沒有負起責任，努力將這份真正的感受傳達出去，才導致了「最終的爆發」。

當然，很多人會覺得：「明明是對方太過自私，把什麼事都丟給別人，所以人家發飆也是正常的吧？哪裡有錯了？」

但是，就如第4章會談到的，「正確」並不能解決所有的問題。

說不定，對方其實很不擅長處理找房、訂房這樣的事。

而「一直以來都是自己在處理」這個部分，也很值得關注。

從來沒有表達過不滿，只是默默照對方的話去做，就等於是自己主動和對方建立了這樣的模式。

對方理所當然會認為，「你很擅長處理訂房、找房這樣的事」。

然而，如果說「自己的感受只有自己知道，所以需要努力傳達給對方」，又會有人覺得：「連自己不高興這種事都要一一跟對方說，好像太不成熟了。」

就是這種「好像不成熟」的概念，在逼迫我們不斷忍耐。乍看之下，忍耐似乎是一種「很成熟」的行為，事實上卻剛好相反。

基本上，「成熟」的人際關係應該是對自己的「領域」負責，同時尊重對方的「領域」。

對自己的「領域」負責，也就是努力將自己的感受傳達出去。比起逼迫自己忍氣吞聲，這樣的做法才更為「成熟」。

這句話真的非常重要，需要一而再、再而三地強調。

前面曾經說過，情緒是要提醒我們「這個狀況對自己這個存在有何意義」，所以如果不是過於輕微的情緒，最好不要輕易忽視，才能讓它發揮保護自己的功能。

而這個例子就是無視自己覺得「什麼？又是我？」的不滿，輕忽了自己所產生的情緒，最終才導致「情緒化」的結果。

比方說，公司裡不時會出現這樣的人——他們工作起來似乎挺順利，公司分派任務時也毫無異議，結果有一天就突然說自己「再也受不了了！」，然後辭職不幹。

事實上，這樣的結果都不是突如其來，而是長期「無視情緒」，於是一點一點累積形成的。

這些人早就感覺到自己「撐不下去了」，卻在工作時刻意壓抑內心的焦躁與不安，到最後終於崩潰而爆發。

對於交派工作給他們的人來說，這也會造成很大的困擾。

如果一開始就跟對方商量「自己可能負擔不過來」，事態或許還有改善的空間。

而從交派任務的一方來看，往往也會覺得「為什麼不早說，問題可以解決啊……」

也就是說，只要願意順應、面對自己的情緒，就一定會有人伸出援手，也不會讓自己因此「被情緒綁架」。

這就是「對自己的領域負責」。

POINT

願意順應、面對自己的情緒，就是「對自己的領域負責」。

不必把別人說的話，帶進自己的「領域」

接下來，我們再針對「領域」多做一些討論。

例：被婆婆說「你這個人好像挺邋遢的呢」，結果情緒暴走，直接叫她「以後不要再來我家！」。

這是很常見的「婆婆侵入媳婦的領域，還加以論斷」的場景，屬於語言暴力的典型範例，因此被激怒是很正常的事。

這種狀況若反覆發生，被激怒的情緒不斷累積，最後就會造成前面說過的「百般忍耐→終於爆發」。

不過，像例子中的婆婆對媳婦這麼露骨的批判，只要一次就足以讓人「情緒化」起來了。

喜歡惡意論斷的人真的很多。不只如此，他們甚至不覺得自己是在對他人施行語言暴力，反而認為自己又「沒有惡意」。

正因為沒有惡意，被論斷的那一方往往要承受絕大部分的壓力。但在這種情況下，如果對方一侵入自己的「領域」，自己就立刻變得「情緒化」，像是「隨時處於戰鬥模式」，只會讓旁人覺得自己「既情緒化又不好相處」。

那要怎麼做，才不會陷入這種困境呢？就是要清楚地確立對於「領域」的概念。

的確，對方所說的話在形式上已經侵入自己這邊的「領域」了。

問題在於，對方是在「哪裡」做出這樣的發言呢？

自始至終，都是在對方的「領域」裡。

人類是自由的生物，這個婆婆想在自己的「領域」裡說什麼，基本上是她的自由。也就是說，這件事完全不需要從「自己受到攻擊」（被對方侵入自己的「領域」，還被肆意論斷）這個角度去看待，只要當成是「婆婆在自己的領域裡自說自話碎碎唸」就好。

當然，這需要某種程度的訓練，但只要能從這個角度來思考，就能成為自己的「適當防衛」。

這個方法也能用在先前「怎麼連這種事也不知道？」的例子。不需要認為「對方輕視自己」，只要當成朋友是在自己的「領域」裡自說自話，認知到「這個人的本質就是不懂得體諒別人，才能毫無顧忌地說出這種話」就好。

POINT

「論斷」只是「對方在自己的領域裡自說自話」。

什麼是對自己好，只有自己才知道

再來看看另一個例子。

例：我受不了開口閉口「我是為你好」的朋友。雖然我不討厭對方，他說的話也沒錯，但就是抑制不住內心的氣惱，我都不知道該怎麼想了……

這完全就是自己的「領域」被他人侵犯時，所感受到的不快。

即使對方說的沒錯，但當他說出「我是為你好」時，就等於侵入了這邊的「領域」。

對方說是「為你好」，但什麼是真的對自己好，只有自己才知道。

在這個例子中，如果能理解自己是因為「領域被侵犯，所以感到不快」，就能將自己的心情做好某種程度的整理。

要是想實際解決這個問題，就告訴對方：「可以不要這麼說嗎？我覺得壓力很大。」再不然，也可以當成對方是在他的「領域」裡自說自話，跟自己一點關係都沒有。

若是努力溝通之後，對方還是不肯停止，或許和他保持距離會更好一些。

這個例子需要注意的是——**「不知道該怎麼想」**這個部分。

被對方侵入「領域」，還遭受肆意論斷，這顯然是令人不快的狀況。縱使如此，只因為對方說了「我是為你好」，也就是為了我著想才這樣說，總覺得不應該反感……

這樣的思考模式，或許可以稱為**「主動隱藏自我情緒的『應該』模式」**吧！而此刻，就是**「需要重視自己情緒」**的時候了。

這並不是說，當下這種無法止住怒氣的狀態是好的，而是因為這些怒氣，是由「應該要感謝對方跟自己說這些話」的思考模式所造成的——認為自己「應該」感謝對方，但又覺得委屈而忿忿不平。

在這樣的狀況下，最需要重視的不是「應該」，而是「自己的領域被侵犯時所感受到的不快」這份最初的情緒。

或許有人會想，「如果太過重視自己的情緒，不會因此無法接受他人的建議而難以成長嗎？」

就是受制於這種想法，大部分的人才會對日常生活中隨處可見的「領域侵害」變得反應遲鈍。

人類是時刻都在進步的存在，但每個人的步調及過程都不相同。

在進步的過程中，若是在恰好的時機幸運地獲得恰好的指導，就能得到飛躍性的成長。

就像原本只是喜歡這本書的封面，所以把它買下來，結果剛好就是現在的自己最需要的內容（這是讀者的經驗談——這位讀者把我的書買來後放在書架上三年都沒看，某天突然心血來潮，一讀之下才發現是自己追尋已久的內容）。

何時獲得什麼資訊對自己最有助益，唯一清楚的只有自己。

最後再追加說明一點：如何判斷哪些資訊對自己有益，可以用當中有沒有「否定自己的要素」做為檢視的基準。

POINT

我們時刻都在進步，但每個人的步調及過程都不相同。

如何分辨
「有害的勸告」和「有益的建言」？

即使乍聽之下是好的資訊，只要當中含有「否定自己的要素」，這項資訊就失去用處了。最具有代表性的就是「勸告」（advice）。

基本上，所謂的勸告，都是建立在否定對方的現狀之上。

「這麼做比較好吧」的意思，就是「你這裡做得不對，改成這樣比較好吧」。

自己的現狀被否定，任誰都會覺得受傷，就算認為對方說的沒錯，但一被勸告，還是會感到不快，這是很自然的事。

當然，還是會有些建設性的意見，而最有助益的就是掌握對方的現狀，在認同對方「現在，這樣就好」的基礎上，再提供建議——「如果想達成這個目標，這邊調整一下方向如何？」。

由於我是醫師，所以總是站在為患者提供專業建議的立場。積極採納醫師的意見，覺得「原來如此，這樣我大概做得到」的患者當然很多，但也有人還是做不到。聽說很多治療者會因此感到焦躁，而這完全是治療者這一方的責任。

所謂的專業建議，是要以肯定對方的現狀為基礎，在「對方可能實現的範圍內」，盡力提供各種還可以嘗試的管道和方法。

那麼，接受者要如何判斷什麼是「含有否定自己要素的勸告」，什麼又是「有益的建言」呢？

最容易判斷的方式，就是當別人建議「改成○○如何呢？」，自己卻會覺得抗拒、不舒服，這就代表當中含有否定自己的要素。

當然，在這些讓自己反感的勸告中，或許也包含著有意義的資訊。但要學習新事物，不見得每次都必須否定自己，世上總是有能讓我們更珍惜自己的學習法及成長法。

而好為人師的人大多欠缺這樣的意識，更令人驚訝的是，有人竟然相信「用話語當頭棒喝地打醒對方」是一種親切的行為。

這樣的人很難改變，他們的勸告又會讓自己受傷，所以最好就是敬而遠之。

舉例來說，偶爾不小心忘了關燈，結果被勸說：「最好要隨手關燈喔，你好像不太注重環保呢。」

這種時候，真的很容易引發「情緒化思考」，覺得「你又懂我什麼，隨便這樣論斷別人」，於是便演變成「偏離目標的防衛」。

當雙方都「被情緒綁架」，就難以洞察彼此話語中的本意了。

如果想正確、適切地保護自己，到底要怎麼做呢？

首先可以考慮在話語上給予反擊。如果是對方誤會了，就跟對方解釋「其實事情是這樣的」，或許就能解決問題。

不過，這時也可能反過來被對方攻擊說「這全是藉口」。

想在這種狀況下確實地保護自己，還是需要有「領域」的意識。

前面曾經說過，別人的評價雖然看似侵犯了自己的「領域」，但自始至終都只是對方在自己的「領域」裡所做出的評價。

所以，只要當成「沒有發生領域侵害」這件事就好。

這種思考方式與「忍耐」不同，「忍耐」是自己確實受傷了，卻視而不見、不去照應或處理，所以會不斷累積負面的能量。

相對地，「這只是對方在自己的領域裡所做出的評價」，這樣的觀點則是直接讓「自己受害」這件事不曾發生。

不是告訴自己「就算被批評到這種程度，還是得忍氣吞聲」，而是認為「對方是在自己的領域裡任意發言，所以不必理會」。這樣便可以盡早轉換心情，空出更多餘裕享受其他美好的事物。

POINT

讓自己覺得不舒服的勸告，都含有「否定自己」的要素。

忍不住想勸告時，記住這幾個原則

別人的勸告可以當成是「對方在自己的領域裡自說自話」，不必理會，但也有些人本身就是「看到做不好的人會一肚子火，忍不住想要多嘴」的類型。

許多閱讀本書的讀者是為了解決「自己容易情緒化」的問題，所以這種類型的人或許也不在少數。接著就來看看下面這個例子。

例：希望部屬能成長，所以對他特別關注，常提醒他「要趕快擺脫學生的思維」、「你到底有沒有社會人的自覺？」，結果被說是職權騷擾。

所謂的職權騷擾，就是利用自己的身分職權，對他人進行工作上及身心上的騷擾，亦即藉由批判對方的錯誤、貶低對方的表現，來滿足「自我正確」的欲望。

在職場上必須承擔工作責任，確實需要教育上的提醒。但是，這個例子卻有著很大的問題。

那就是沒有將行為與人格區分開來。

而提醒的第一原則，就是「對事不對人」。

在這個例子中，當事人是用「你＝學生思維」、「你＝沒有社會人的自覺」這樣的說法，對對方進行人身攻擊。

當他不是說「改成這樣做比較好喔」，而是「像你這種人啊」、「反正你啊」，就已經不是在指導行為，而是在否定對方的人格。如果在工作中經常出現這種行徑，被說成職權騷擾也是在所難免。

很多時候，職權騷擾者之所以無法冷靜看待對方的行為，就是因為「被情緒綁架」了。為了避免陷入這種處境，以下要提供幾種簡單的訓練方法。

訓練①　將行為與人格區分開來（對事不對人）

就像前面說過的，不要否定對方的人格是很重要的，而更需要注意的是根本的思考方式。

當上司開始「情緒化」地斥責部屬時，通常都會越界去干涉對方的人格。但是，我們無法任憑己意去改變他人的人格，光是希望對方改變一項行為，就需要耗費相當大的心力。因為缺乏這樣的認知，才會抱持著「希望對方改變，對方卻不改變」等不切實際的不滿，讓自己陷入「情緒化」的困境。

對方只是「在工作上犯錯了」，因此在提醒時要有自覺地克制，把說法劃定在「盡量不要出錯喔」、「一失誤會造成這樣的麻煩，必須多留意」之類的範圍裡，不要任意越界。

訓練② 溝通時將主語換成「我」

溝通時用「我」當主語，也是一種訓練方法。

用「你」當主語時，即使還不到否定人格的程度，**也會變成是針對這個人本身進行評價**，而加重職權騷擾的程度。

用「我」當主語時，對話則會變成「一旦出現失誤，我會產生這種困擾」，相較於職權騷擾，這**更像是一種「陳情」或「訴求」**。

另外，我們也可以運用76頁提過的「角色期待」這個概念，說明自己對對方有什麼樣的期待，提醒對方「關於這個工作，我希望你能留意不要犯這樣的錯誤」，應該就能防止對方重蹈覆轍。

一般來說，當人被嚴厲斥責、連人格都遭到否定，很容易會因此罹患心理疾病，對工作也變得極端排斥，反而更容易犯錯或失誤。因此，為了讓彼此建立正面的連結，一定要注意前面所說的兩個重點，讓自己成為有智慧的好主管。

同時，這個例子也是屬於「領域」的問題。

類似「你啊」、「反正你啊」的說話方式，不僅侵犯了對方的「領域」，還充滿著各種攻擊性的論斷。

最安全且有效的溝通，是只說自己「領域」裡的話，例如：「作為主管，我希望你能這麼做。有什麼不懂的地方，都可以來問我。」

此外，和「你啊」同樣屬於人身攻擊的說法，還有「為什麼」。

例：「為什麼你總是遲到？」明明我的口氣已經盡量溫柔了，對方還是情緒爆發，要怎麼說才能讓對方知道「我最討厭別人遲到」？

這句話的問題，是出在「為什麼你……」這個部分。

一個人會遲到，必定有某種原因。可能是家裡的事情比較需要打點，或是有某種難以遵守時間的個人障礙等。當然，也可能只是「還沒擺脫習慣遲到的學生心態」而已。

想讓對方知道自己真的很困擾，又要避免對方出現「偏離目標的防衛」，就不要說多餘的話，單純地要求對方「不要遲到」就好。

尤其是「為什麼」三個字隱含著責備對方的意味，要特別注意。畢竟，「為什麼」通常都是用在指責對方「為什麼不能～」的狀況。讓對方明白你「只是希望他不要遲到，如果有什麼問題或苦衷也願意傾聽」，至少就能避免對方被惹怒而情緒爆發的狀況。

POINT

提醒的第一原則，就是對事不對人。

「自己的正確」不是「他人的正確」

容易進行人身攻擊的人，有著以下的特徵：

①無法將行為與人格分開思考

②說話時喜歡用「你」，而不是「我」

這兩項先前已經討論過，其實還有第三項——

③堅信「自己的正確」是普世價值

來看看下面這個例子。

例：已婚的朋友竟然在我面前說：「過了四十歲還沒結婚的人，性格一定都很扭曲。」我瞬間暴怒，直接跟對方絕交了。

在這個例子裡，有問題的不是「情緒化」的當事人，而是說出這種話的朋友。

這部分會與下一章要探討的主題有關，不過就像39頁說過的，只要知道「主觀性評價」（過了四十歲沒結婚的人性格很扭曲）不過是「當下的對方所持有的主觀想法」，就不會產生任何問題。

也就是說，那只是「個人的感想」。

然而，這個朋友卻將它當成是普世唯一的真理般大放厥詞，不但侵害了對方的「領域」，更是對對方施加了極為嚴重的語言暴力。

基本上，「論斷」就是一種暴力，特別是用來貶低別人的時候，很難有人會不因此而「情緒化」。

會跟這種朋友絕交也是理所當然。

如果想要反擊，不妨就直接跟對方說：「你知道自己剛剛說的那些話，是多麼嚴重的語言暴力嗎？」

若是對方因此察覺到自己說錯話了，或許還能繼續當朋友；如果對方的反應是覺得莫名其妙，跟這樣的人保持距離，還是比較恰當的應對方法。

如何處理所謂的「正確」問題，也是避免讓自己「被情緒綁架」的重要關鍵。下一章我們就要來進行詳細的討論。

POINT

把自己的主觀意見當成普世價值，才會擅自論斷別人。

我一定要讓你們知道我才是對的，
這個也是、那個也是！
你也開了太多戰場吧！
這樣不累嗎……？

第 4 章

放下「自己的正確」，不再與對錯拔河

「情緒化」的背後，是對於「正確」的執念

我們多半都是為了維護自己的「正確」，才會變得「情緒化」。
然而，對於「正確」的堅持有時也是一種暴力，
因為我們本來就背負著各自的原由與考量，
所以每個人心中的「正確」都不一樣，
一旦開始與「對錯」拔河，雙方只會消耗能量，也加深對立。

既然每個人的「正確」都不一樣，
為什麼我們還是會希望別人認同自己的「正確」呢？
這往往是因為不能接受原本的自己，
只好藉由「讓別人了解自己才是對的」這種形式，
讓別人來肯定自己……

越是要爭出「對錯」，越會變得孤立無援

前一章提過，在探討「被情緒綁架」的問題時，絕對無法避開「自己是正確的」這種思考模式。

為什麼呢？因為**大部分的人都是為了維護自己的「正確」，才會變得「情緒化」**。

例如，部屬沒做完工作就回家，這對自己來說是「不正確」的。先不論是否合乎規定，對方確實違反了「自己主張的正確」，而使自己變得「情緒化」。

如果周圍的人也表示贊同，而且安慰你：「你的主張是對的，不要急，不會有事的。」或許就能快速縮短「情緒化」的時間。

但是，現實中鮮少有人會遇到這樣的理解者。

因為，當自己變得「情緒化」，周圍的人大多只會敬而遠之。

一旦陷入「明明我說的才是『對的』，為什麼大家都不在乎！」的處境，就會激發出「偏離目標的防衛」，讓「情緒化」的狀態越演越烈。

也就是說，**「情緒化」其實是自己與「對錯」之間的鬥爭所激發出來的「偏離目標的防衛」**。

但是，既然叫做「偏離目標的防衛」，就代表一開始便「偏離目標」，以結果來說，自己的正確自然不會獲得別人的認同。

如果依舊堅持己見，不斷往外發動「偏離目標的防衛」，就會讓事態更加惡化，不僅跟對方的關係會變糟，更重要的是，自己很可能會成為無力的存在。

確實，當你因為「情緒化」而強烈主張「自己是正確的」，表面上可能會出現支持者。他們或許是怕麻煩，因此會以「嗯嗯，你說的對」假裝認同；也或許是「情緒化」的你讓他們感到恐懼，為了明哲保身先附和再說。

在這種情況下，不會有人打從心底認同你的「正確」。

「情緒化」的程度越嚴重，就越難得到別人的共鳴；無法得到別人的共鳴，就會陷入孤立無援的狀態。

當「偏離目標的防衛」發動的範圍越大，人就會變得更加孤獨、無力。不只如此，還可能遭到反擊，而反擊越強烈，就越會感受到自己的弱小及卑微。

為了消除內心的不安，「被情緒綁架」的狀態會每況愈下，引發更多「偏離目標的防衛」，這樣的惡性循環時常可見。

導致「情緒化」的原因之一，也就是覺得「自己被輕視」、「自己不受尊重」等「情緒化思考」，其實是一種「讓別人來決定自己是否值得尊重」的心態。

這樣確實會讓自己的立場變得非常弱小及卑微，因為所有的一切都掌握在別人手中，自己的價值也必須仰賴對方的評價（包括心情）來決定。這樣活著，根本毫無安定和自由可言。

POINT

「情緒化思考」是「讓別人來決定自己是否值得尊重」的心態。

每個人的「正確」都不一樣，需要相容共存

請大家回想一下，當自己變得「情緒化」的時候有什麼感覺。

是不是有千言萬語想說？既然是「千言萬語」，就代表很多想法都不明確，但是自己真正想訴求的，應該還是「我是對的」這件事吧！

「明明我說的才對，為什麼沒有人理解我！」就是這個絕望而急切的呼求，讓人無法擺脫「被情緒綁架」的狀態。

這裡要再次強調，「情緒化」的背後，其實就是對於「正確」的執念。

比方說，當兩個人發生「情緒化」的爭吵時，通常都是在爭執哪一方才是「對」的。事實上，對於「正確」的堅持有時也會變成一種暴力。因為，每個人心中的「正確」都不一樣。

例如，我們經常聽到的一種「正確言論」就是「孝順父母」。對從小遭受殘酷家暴的人而言，這樣的說法很可能會變成二次虐待。

此外，世界各地都有讓人心痛的戰爭持續進行著。而戰爭本身，就是每個陣營對於「自我正確」的強烈主張及鬥爭。

除了軍火商及相關利益者，沒有人能從中受惠，戰敗國會付出龐大的代價及犧牲者，無論勝敗，所有參加戰爭的人都會有強烈的創傷後遺症。看看美國的狀況，就知道這是多麼嚴重的問題。

雖然有點偏離本書「不要被情緒綁架」的主題，但是為了消滅戰爭，我覺得首先就要從自己本身開始放下「偏離目標的防衛」，這一點非常重要。只有當各種「正確」都能共存，才能大幅且有效地減少戰爭這種悲慘事態的發生。

世上的人們本來就背負著各種不同的問題及原由，思考著各種不同的狀況，因此也擁有各種不同的「正確」。

無論是個人或國家之間，都需要保有「領域」的意識（不是指劃定國土，而是**認同彼此之間的差異**）。

就算對「正確」有著相同的價值觀，也有人能夠堅持，有人則無法固守。這個時候，只要承認自己「努力過了，但是做不到」就好。

為此，對於未能貫徹到底的人事物，也需要保有寬容的空間。否則人類做為生物，一旦遭受攻擊就會進行防衛，要是堅持指控對方「錯了」，對方當下的反應自然是抵抗及防衛。

POINT

就算有人無法堅持「正確」，也要給予寬容的空間。

為什麼想讓他人
認同自己的「正確」？

接著我們再重新思考一下，什麼是「正確」。

明明每個人的「正確」都不一樣，為什麼我們還是會希望別人認同自己的「正確」呢？這跟自我肯定感的問題其實有很密切的關連。

有一點可以說是無庸置疑的——**當人「被情緒綁架」的時候，跟自我肯定感的連結一定是斷絕的。**

因為不能接受原本的自己，只好藉由「讓別人了解自己才是對的」這種形式，讓別人來肯定自己。

那麼，什麼才叫做「接受原本的自己」呢？

所有人都背負著各種狀況及原由，每天在生活中努力。即使看起來並不努力的人，如果能夠了解他們承擔的問題或苦衷，就會知道他們其實也在努力。

例如，一直說要參加證照考試，結果只是不停觀望，最後還是臨陣退縮。或許有人會覺得，「如果真的很勤奮，早就參加考試了。」但是，也有不少人可能曾經拚命努力過，結果身心崩潰，因而害怕再被那種暗無天日的壓力籠罩，所以才不敢有任何行動。

他們很可能每天都在自責，認為「自己要活得更好才行」，卻又過得自暴自棄。最糟糕的情況，有人很可能是一邊考慮自殺，一邊掙扎著活下去。如果所有人都能認同人類原來就存在著這樣的本質，就不需要再仰賴別人來認同「自己的正確」。

POINT

不需要仰賴別人的認同，也能肯定自己。

比起「正確」，「真實」的心情更重要

前面提到了不少隱藏在「正確」中的「暴力」，但是，如果就此捨棄所謂的「正確」，或許也有很多人會覺得抗拒。因為我們每個人的人生，多多少少都被這些「正確」綑綁著。

這裡則要提供一項可以取代「正確」（rightness）的價值觀。

那就是——「保持真實」（authenticity）。

Authenticity（真實性）一字在英文中大多是用於鑑定寶石真假之類的狀況，但也可以用來形容人的內心是否 authentic，亦即是否「真實」的意義。

每個人看待「正確」的認定標準都不相同，但是對每個人本身而言，「真實」的心情永遠只有一種。

如果了解這一點，就不需要與他人爭辯，可以坦蕩地說出「自己的感受就是這樣」。從先前的討論也可以得知，若是把自我評價全都交到別人手中，很容易「被情緒綁架」；如果明白「這是我真實的心情，所以不用害怕」，就能保有自我肯定感。

這項認知，其實是相當重要的分歧點。

一旦被困在與自我感受無關的「正確」之中，就會不斷尋求他人的評價，為了微不足道的小事憂喜無常或受傷。要是能專注於「真實」的心情，坦率地感受自己，就不會因為別人的評價而游移、動搖。

此外，「誠實」也比「正確」要更接近「真實」。

只不過，有些人會誤以為所謂的「誠實」，就是「說話毫不留情」或者「無所顧忌地說出別人說不出來的話」。但**「說出別人說不出來**

的話」，其實跟「別人」毫無關連，完全只是自己對「領域」的侵害行為。而受害的當事人也不需要太受影響，只要心知肚明「啊，他就是會說出這種話的人」就好。

事實上，閱讀心理勵志書會感到痛苦的人，多半是為了這個「真實」的問題而糾結。他們會逼迫自己這麼想：「雖然心裡無法認同書中的內容，但因為是成功者傳述的經驗，所以要認真受教才行。」這就像是勉強自己穿上不合腳的鞋子，完全無法與自己「真實」的心情建立連結。

遇到這種狀況時，請這麼想——就如同真正的寶石，每個人都是「真實」的存在。

POINT

專注於「真實」的心情，就無需在意他人的評價。

當彼此的「正確」不同時，要怎麼處理？

接著來看看這個例子吧。

例：我是四十多歲、從事研究工作的女性，就算是沒去研究室的日子，也必須在家裡閱讀文獻，經常一不小心就把家裡要做的事往後推遲。某天，身為上班族的妻子、也是專業主婦的婆婆突然打電話來吩咐我做事，還說「反正你今天休假嘛」，我氣不過就脫口回了一句：「我有很多事要做！」雖然丈夫說「我尊重你，也會支持你的工作」，但還是……

每個人對「正確」的認定標準都不相同，當自己真的遇到完全不同的「正確」時，又要如何因應呢？我們就來探討看看，在這個例子中，誰才是「正確」的。

沒有餘裕兼顧家庭和工作的當事人、獲得丈夫支持的當事人，怎麼看都是正確的。但是，從婆婆的角度來看又是如何呢？

對於一輩子只當過上班族妻子的婆婆來說，假日本來就該全都用來慰勞丈夫的辛苦。站在婆婆的立場，這種想法才是「正確」的。

婆婆對於「配偶該做的事」所認知的「正確」，與假日也得努力用功才能確保職涯發展的研究者媳婦完全不同。

妻子的主張才是對的？抑或婆婆的感受才是正確的呢？

一旦開始了這種「對錯」之間的拔河，只會消耗雙方的心力，同時加深彼此的對立，怎麼說都沒有意義。

那要怎麼做才好呢？以這個例子來說，就只能試著讓對方知道自己的現況，看看能否修正婆婆的「正確」。

最重要的是，「讓對方知道自己的現況（原由）」這個部分。

不要批判「婆婆的想法太老舊」，強迫對方改變自己的「正確」，那只會讓彼此都「被情緒綁架」。

可以在尊重對方的同時，轉達自己的原由：

「以媽媽來說確實可以做到，我也覺得媽媽是很賢慧的妻子。但我因為工作的關係……」

這樣或許能提高對方理解自己的可能性。

若還是行不通，也只有跟丈夫討論看看，能否和婆婆保持距離；如果這樣會覺得內疚，也可以找專家諮詢。

POINT

不要試著改變對方，先說明自己的原由。

對於「正確」最敏感的，是心靈受傷的人

例：聽到朋友說：「我能理解你的心情，但也能明白他的感受。」實在有些怒火中燒。

即使知道每個人認知的「正確」都不相同，還是有人會無法接受「你的正確和我的正確不一樣」。

對於「正確」最敏感的，是心靈受傷的人。

根據研究結果，受過虐待的人很容易將他人的不同意見視為「對自己的否定」。當一個人必須時刻看著陰晴不定的父母臉色才能活下去，「與父母的意見是否相同」，就會成為攸關生死的問題。

如果發現自己有這樣的傾向，**與其想著如何讓對方認同「自己的正確」，還不如努力去培養自我肯定感**。

先前提過，想要跳脫無意義的「對錯」之爭，就必須「連結真實的情緒」、「說明自己的原由（問題）」。

以這個例子來說，當事人真實的心情是遭受到了打擊，如果他能坦誠、認真地告訴對方「聽到你這麼說，我實在很受打擊」，相信對方會更容易理解。

不過，這樣做的效果並非僅止於此。

根據我長期投入「人際關係療法」的實際經驗，當人鼓起勇氣說出真心話（當然是以不失禮貌的說法），而對方回應：「啊，原來如此。我知道了，之後我會幫助你的。」這樣的體驗可以說是身為人所能領會到，最深刻、極致的溫情。

這種溫暖的體會，會使本身的自我肯定感自然地提升、成長。

為了體驗這種溫暖，就必須知道什麼樣的人是可以吐露真心的對象，這一點非常重要。

而最理想的人選，當然是無條件地接納自己，表達「啊，原來如此，我知道了」的人。

不過，他們與「容易移情的人」並不一樣。

「容易移情的人」在聆聽別人的故事時，會像發生在自己身上那樣感同身受。

但是，這裡需要的是能保持「自己是自己、對方是對方」的距離，以旁觀者身分「共感」自己的人。

我將這兩者區分為「共情」與「同理」。

當對方說出真心話時，會從主觀的角度去評價對方的體驗，然後表示「自己也有相同的經歷」，這是「共情」。

「共情」的人得知對方的遭遇時，首先想到的並不是「對方很辛苦」，而是「我也曾經很辛苦」，進而把話題轉移到自己身上。這是他們所具有的特徵。

另一方面，**「同理」則是能無條件地接納對方的情緒，感受到身而為人的溫暖之愛。與其說是同理，不如說是「共存」會更易理解。**

要判斷是「共情」還是「同理」，則要看對方是否以「評價」作為理解的基礎。

即使從「領域」的角度來看，「共情」也有其問題所在。再怎麼以為自己「了解對方的心情」，也無從判斷真假，因為那只存在於對方的「領域」，旁人根本無從得知。

如果聆聽者抱持的心態是「共情」，傾訴者通常會在主觀意識上產生「嗯？好像哪裡怪怪的」的感覺。這時就會知道，對方不是「同理」，而是「共情」。

這種「好像哪裡怪怪的」的感覺可以適切地保護我們，所以千萬不要輕忽。

POINT

傾聽對象要找「同理」的人，而不是「共情」的人。

「情緒化」的人，常是職權騷擾預備軍

例：即使知道這樣不對，但每次只要責罵犯錯的部屬，就會停不下來。

容易「被情緒綁架」的人，需要很小心職權騷擾的問題。這個例子的當事人，就是總有一天會被檢舉的典型案例。

在現今的社會，大眾對「騷擾」（harassment）的概念已有廣泛的理解，昔日「司空見慣的狀況」，如今可能被視為嚴重的人權侵害。這種潮流代表著社會正朝著尊重人權的方向成長，是十分可喜的現象。

不過，從小就被教育什麼是「騷擾」的年輕世代，以及將職場中的「騷擾」視為理所當然的上一個世代，雙方對於「騷擾」的敏感度自然是大相逕庭。

現代社會對於「騷擾」的認知程度，似乎壓得許多人喘不過氣來，很想擺脫這種「不自由的感覺」。

只是，每當他們把內心的想法說出口，就會被攻擊：「只是這種程度就覺得不自由，真是搞不清楚狀況。」結果同樣感到「不自由」的人，只能躲著一起喝悶酒，互相取暖。

人類並不是完美的生物。

即使接受了「騷擾」課題的相關教育，還是可能在平常的生活中「不小心」做出騷擾行為。有些人甚至連自己會「不小心」這樣做都沒發現。當然，基本上要盡力避免這種一時疏忽的舉動，但如果還是發生了，就要好好思考怎麼處理。

如果察覺到自己可能成為職權騷擾預備軍，可以像129頁建議的那樣，從「區分對方的行為與人格」開始著手。

一責罵部屬就停不下來，代表自己批判的重點已經不在對方的單一行為上，而是涉及到了人格的領域。

如果只是針對單一的錯誤行為檢討，不可能持續責罵那麼久，一旦會「停不下來」，必定是提及「你這個人就是……」、「〇〇的時候也是……」等過往的問題、或是與眼前狀況沒有直接關連的事，演變成對對方的人身攻擊。

因此，**如果發現自己經常「一罵人就停不下來」，就必須時刻提醒自己「只要注意對方的行為」；一旦真的失控了，更要坦率地跟對方道歉，表明「自己說得太過分了，對不起」**。

另一個問題，則是騷擾教育所帶來的「不自由感」。這樣的「不自由感」會引發「被害者意識」，提高「被情緒綁架」的可能性。

比如說，被別人指責職權騷擾時，很可能會直接發飆大吼起來：

「一天到晚職權騷擾、職權騷擾，吵死了！」

而「不自由」的感覺恐怕在自己受到這樣的衝擊時就已產生——

「什麼？這種程度也叫職權騷擾？幹嘛要在乎這種小事？」

這等於是察覺自己被指控犯錯了，身心都會進入「不想再受傷」的警戒模式，並進而發動「偏離目標的防衛」、變得「情緒化」，但另一方面卻又不得不壓抑自己，所以「不自由」的感覺也越發強烈。

這時就要從「領域」的角度來思考了。

「幹嘛要在乎這種小事」，這完全是處於自己「領域」內的意識和論點，從對方的「領域」看來，那不一定是「小事」。不滿別人「幹嘛要在乎這種小事」，就是在強迫別人認同自己的感受。也就是說，你已經侵入對方的「領域」，在雙方之間發起了「對錯」之爭。

「騷擾」問題一旦牽涉到「明明我才是對的」這種執念，就會變得非常棘手。

不管怎麼說，各自的「領域」還是「領域」。

雖然自己是對的，但是在對方的「領域」裡，可能存在著其他的「正確」。如果從國際外交的角度來思考，或許就能理解了。

POINT

不滿別人「幹嘛要在乎這種小事」，已侵犯到對方的「領域」。

如果就是「無法原諒」，也不要責備自己

在本章的最後，要來探討一下「無法原諒」這種與「對錯」有深刻關連的心情。

「雖然不想被困在自己的『正確』之中，但是，無法原諒的事情還是無法原諒！」——這或許是很多人的心聲。

接下來，我想分別探討「原諒」和「寬容」這兩個部分，將它們做個區分。

「原諒」這個說法經常出現在一般生活中，也就是「不去計較對方不適當的行為」。

但某些時候，我們就是沒有辦法「原諒」，也沒

有能力去思考「那個人會說這麼過分的話，是因為他驚慌失措了」。

像是從小就遭受虐待的人，他們的受虐是無法改變的事實，基本上那已經完全脫離要不要計較的問題了。

此外，如果是對自己很重要的人被傷害（甚至遭到謀殺），基本上根本就不可能「原諒」加害的對方。

然而，一直抱著怨恨、忿忿不平地活著，是很不好受的事，自己的人生也會因此變得艱辛。

我開設了一個專門探討「寬容」的工作坊（很受歡迎，每次都在訊息發布當天就報名額滿），在課程中，我們首先會討論「自己無法原諒什麼人和什麼事」，然後再探問自己的內心，「不原諒會得到什麼」，並且把它寫下來。

其實，這個工作坊追求的目標並不是「原諒」，而是「寬容」。

前面提過，「原諒」是「不去計較對方不適當的行為」，「寬容」則是完全不同的狀態，而且跟「對方」不太有關。

所謂的「寬容」，是希望讓我們的認知與理解有機會達到這樣的層次——「即使自己有了悲慘的遭遇，本質也不會因此受到損傷」。

悲慘的遭遇會引發問題或狀況（症狀），必須加以處理，但是在療癒的過程中，還是能感受到那個溫柔又溫暖的「原本的自己」。抱持著這樣的信念，會使「寬容」的過程更容易往前推進。

這麼快速地說明「寬容」，是希望大家能在腦海中的某個角落記住「原諒」與「寬容」的不同。許多人因為做不到「原諒」，所以會內疚自責；但是，只要能認知到「自己的本質並未受到損傷」，總有一天會明白「寬容」的意義。

POINT

即使有了悲慘的遭遇，還是能保有溫柔又溫暖的自己。

就算蟲蟲老是做些白目的事，
那也是他自己的問題，
我又何必認為他是衝著我來的
而壞了好心情呢！
嚼嚼……

第 5 章

擺脫「地雷型」人設，守護內心的平靜

養成「不被情緒綁架」的 7 個習慣

遭到他人惡言相向時，
一定會產生「被害」的事實，
但這與「被害者意識」完全是兩回事。
這時承認「我受傷了」，
會比想著「那個人瞧不起我！」，要更容易調適。

與其把自己視為受害者，
不如當成這是對方在自己的「領域」內任意發言，不必理會。
面對「被害」的事實，承認「我受傷了」，
讓內心的情緒得到認同與慰藉，
就不會繼續演變成「為什麼我要被瞧不起」的「被害者意識」，
你也可以盡早轉換心情，有餘裕享受更多美好的事物。

「不被情緒綁架」的習慣 ❶

打造「不被情緒綁架」的體質，維持身心平和

本章要介紹的是，如何讓自己在平時盡可能保持內心的平和，也就是養成「不被情緒綁架」的習慣。

前面已經探討過「情緒化」的內心運作機制和應對方法，不過，即使知道了這些原理，也可能因為心情或身體狀況的影響，還是會「不自覺地」情緒化。

例如，「無法控制情緒」的代表就是「醉漢」。喝醉的人常會情緒失控地騷擾別人，家暴也多半發生在酒後。此外，我們也會聽到有人「藉酒裝瘋」等。

為何一喝醉就容易「情緒化」？這是因為酒精會抑制大腦的感知能力，使情緒和思考失去平衡。

我們通常不會直接表露自己的情緒，而是會考慮對方的處境及狀況，思考「這麼說會不會造成別人的困擾」，再決定要怎麼表達。

但是，當酒精讓思考變得遲鈍，原本抑制情緒的能力就會減弱，使我們陷入負面情緒不斷升級的「情緒化思考」，變得更專斷獨行。

類似的情況，也經常會發生在疲勞的時候。

許多人應該都有過晚上變得比較「情緒化」的經驗吧？各種思緒在腦子裡糾結，讓人變得脆弱無力，甚至會冒出了無生趣的感覺。但是只要好好睡上一覺，第二天又恢復正常了。

這是由於管理思考的大腦區域到了夜間會變得疲乏，失去抑制的能力，讓人沉浸在「情緒化思考」之中，無法自拔。

如果一到晚上就會胡思亂想，甚至出現想死的念頭，建議要尋求專業協助，必要時可藉由藥物等治療方法，改善睡眠品質，至少要讓自己睡得更好、更安穩。

當大腦疲勞的時候，再怎麼努力都不會有太好的效果。

此外，聽到「酒精會使大腦失去抑制作用，讓情緒表露無遺」，有人便認為「這時說出來的才是真心話」，其實並非如此。

人類是同時擁有情緒和思考的生物，隨時都在努力「思考」，要如何適切地表現或隱藏自己的情緒。

這些思考當然也代表著自己的個性，所以並非只有情緒，才是我們真實的心意。

因此，經過認真思考之後，而決定「可以這樣表達」的內容，才是「自己真正想說的話」。

除了酒精、疲勞等使人「情緒化」的要因，還有另一種導致「情緒化」的可能性，就是荷爾蒙失調。

很多人在生理期接近時會焦躁、易怒，這種情緒波動一旦加劇，會被診斷為「經前不悅症」，需要到精神科進行治療。有時雖然沒那麼嚴重，但在生理期前後情緒失控，也是時常可見的現象。

飲酒的部分，只要不是嚴重到酒精依存症的程度，都可以自我掌控和節制（若有困難，請一定要參加戒酒門診或團體）。然而，疲勞或生理期的狀況就不是那麼容易處理了。

不過，光是知道自己在疲勞時或生理期前後容易情緒失控，對於打造「不被情緒綁架」的體質就已經大有助益。此外，先行提醒周遭的人們「自己這段時期狀況不太好」，也有不錯的效果。

POINT

了解自己思考能力減弱的時期，提醒自己和他人。

「不被情緒綁架」的習慣 ❷

別急著對號入座，明白這是「對方的問題」

如果常因一點小事就發脾氣，背後應該有某個原因，只要找到源頭，就能改善容易情緒失控的問題。

例：坐電車的時候被人踩到腳，結果對方連一聲道歉都沒說，不禁頓時暴怒起來。

首先，被人踩到腳已經給自己造成了「困擾」，對方竟然還不道歉，當然會變得「非常困擾！」。因此，覺得不高興是自然的情緒，這不僅是「計畫被打亂的憤怒」，也是對自己的身體施加的暴力行為。

但是，這個人直接跳過了不高興，而是頓時暴怒起來，這背後一定有著不為人知的原由。

從「一聲道歉都沒說」來看，很可能是「自己被輕視、不受尊重」的「情緒化思考」，讓單純的情緒升高到了「情緒化」層級。

特別是平常就覺得「自己不受尊重」、自我肯定感低落的人，更會覺得「每次倒楣的都是我」，導致「被害者意識」越發高漲，因此要特別留意。

這個時候，可以試著轉換角度——把這件事當成是對方「領域」的問題。

具體來說，就是不要只從自我中心的角度去想「為什麼（我）總是這麼倒楣」、「為什麼（我）老是被瞧不起」，而是試著去設想對方的狀況。例如「踩到別人的腳都沒道歉，或許對方真的是自顧不暇吧」、「可能是對方不習慣擁擠的電車，才會太過慌亂」。

那個人為何沒道歉？還是根本沒注意自己踩到別人了？真相到底是什麼，不問對方也無從得知。

容易「被情緒綁架」的人，平時就有很強的「被害者意識」。

每當情緒湧現的時候，不要被困在「為什麼只有我這麼倒楣」的「被害者意識」裡，而是把眼前的狀況當成自己並不了解，屬於對方「領域」內的問題。

例如：「雖然腳被踩得很痛，但那個人沒有道歉的行為跟我無關。或許他真的沒有餘力吧。」

養成這樣的習慣，可以有效地幫助自己擺脫「被害者意識」。

POINT

擺脫「被害者意識」，了解「對方沒有道歉」跟我無關。

「不被情緒綁架」的習慣 ③

寫「好友筆記」，換個視角療癒受傷的自己

想要養成「不被情緒綁架」的習慣，就不能不談到很重要的「自我肯定感」。

我在其他的著作中已經探討過自我肯定感，這裡則要建議大家試試一些簡單的練習和訓練。

說是提高自我肯定感的訓練，但並不是什麼神奇的魔法。同時，自我肯定感與「尋找自己的優點」之類的「正面思考」也沒有任何關係。

相反地，「凡事都正面思考」的人，其實更容易過度努力而導致身心崩潰或自暴自棄，使自我肯定感變得更為低落。

提升自我肯定感的日常練習，就是不去否定、而是接納原本的自己。為此，懂得理解自己的情緒將會很有幫助。

無論是焦躁或鬱悶、不安，任何情緒都可以試著寫在筆記本上。

例：在餐廳裡點了炸牡蠣套餐，發現味道腥臭，牡蠣好像壞掉了，就跟店裡的人反應。結果對方卻冷冷地回道：「其他人吃都很正常啊！」氣得一口都沒吃就離開了，到現在都還沒止住怒火。

遇到這種情況時，完成以下兩個步驟的練習會很有效果。

步驟① 在筆記本上寫下真實的心情

例如，可以試著這麼寫：

- 期待很久的炸牡蠣臭掉了，好受傷。

- 店裡的人不相信我說的話，不甘心。
- 還被當成難搞的奧客，很生氣。

步驟② 想像好友會跟自己說什麼

想像自己變成了自己的好友，當對方看到筆記本上所寫的感受，應該會想要給予安慰對吧？試著把對方的心情寫下來。

- 什麼？真不敢相信！哪一家店啊？真是太過分了！
- 別為那種店生氣了，不值得。下次我帶你去別的地方，那裡的炸牡蠣更好吃！

我稱這個方法為「好友筆記」，是現今很多人都在運用的技巧。書寫時可以選擇專用的筆記本，也可以運用手邊原來就有的本子。

「試著寫下心情」

↓

「想像如果是好友，會跟自己說什麼？」

只要養成這樣的習慣，狀況就會大為改觀。

透過寫「好友筆記」的方式，可以讓先前幾乎被無視的「最初的情緒」（不是後來的「情緒化」，而是初始的心情）重新浮現而受到關注，進而提升自我肯定感。

POINT

別錯過「最初的情緒」，活用它來提升自我肯定感。

「不被情緒綁架」的習慣 ❹

以「我」為主語來思考，區分「被害」與「被害者意識」

131頁提過，溝通時以「我」為主語，更有益於守護彼此的「領域」。如果懂得活用這個方法，養成以「我」為主語的思考模式，就不易「被情緒綁架」。

舉例來說，遭到他人惡言相向時，想著「（我）受傷了」，會比想著「（那個人）瞧不起我！」，要更容易調適過來。

175頁也提到，「遇到困擾時，與其把自己當作受害者，不如視為是對方的問題」；同樣地，以「我」為主語，可以更有效地將「最初的情緒」劃歸為「自己的領域」的問題。

而最好的方法，就是前面說過的「試著寫下來」；此外，也可以列出幾個如181頁所示，以「我」為主語的基本句型做為運用。

像這樣養成以「我」為主語的思考習慣，會更容易區分「被害」與「被害者意識」的差別。

當然，遭到他人惡言相向時，一定會產生「被害」的事實，就算否定也沒有意義。但是，這與「被害者意識」完全是兩回事。

首先，面對自己「被害」的事實，承認「（我）受傷了」，一旦發現自己快要發展出「為什麼只有我老是這麼倒楣……」的「被害者意識」，就立刻將它寫下來，用好友的口吻安慰自己：「會有這種心情是在所難免的。」

然後你就會發現，「為什麼只有我老是這麼倒楣……」並非真正的現實，只不過是自己受到衝擊時所產生的一種感受。

以「我」為主語來思考，更能為自己的「領域」負起責任，幫助自己建立成熟的人際關係，同時遠離陷入「被害者意識」的危險。

「被害」會在各種場合發生，所以懂得區分「被害」與「被害者意識」非常重要，因為「被害者意識」會使自己變得脆弱、無力。

在認知到現實中「被害」處境的同時，也要放下自己的「被害者意識」。這需要反覆地練習，讓它成為自我真正的內在認知。

POINT

想著「我受傷了」，而不是「那個人瞧不起我！」

「不被情緒綁架」的習慣 5

關閉「應該」模式，從「想要」開始出發

「應該」的思考模式，也是讓人「情緒化」的原因之一。「應該〇〇」、「應該××」的想法，會讓人更容易「被情緒綁架」。

當人活在「應該」之中，就會想要強迫別人認同自己的「正確」，覺得「所有人都應該〇〇，而那個人沒有做到」。

這個想法的背後，其實是「我都逼自己做到了」的「被害者意識」。因此，只有不為「應該」而活，人生才會更順利、自在。

不過，很多人都會覺得：「要是放棄了『應該』，大家不就可以亂丟垃圾、不守約定，或是隨便插隊了？」其實不然。

先拋開「應該」的想法，從「美」的意識來思考看看。

其實我們並非是百分之百基於「應該」，才不亂丟垃圾或隨便插隊。大部分的人都是覺得這些行為「很丟臉」，才不這麼做。因為，每個人還是希望自己可以「擁有美好的生活」。

「想讓生活環境保持整潔，所以不亂丟垃圾。」

「想尊重他人、擁有溫暖的人生，所以不隨便插隊。」

所以，人不是為了「應該」，純粹是自己「想要」而這麼做。

總是活在「應該」之中並據此行動的人，只要轉換為「想要」的視角，就能顯著地提升自我肯定感，更不容易「被情緒綁架」。

POINT

人不是為了「應該」而行動，純粹是「想要」這麼做。

「不被情緒綁架」的習慣 ❻

離開現場不再被刺激，才有冷靜的空間

本書針對內心的「領域」做了諸多探討，而在自己快要「情緒化」時，保持物理上的距離也很重要。

例：和男友大吵一架，彼此都情緒激動，結果男友竟然提出分手。

「男友提出分手」確實是一項衝擊，尤其還是發生在彼此都情緒激動、無法自制的情況下，更會大為加重衝擊的程度。

在這個例子裡，最好避免立刻考慮「要不要和對方分手」，而是先離開讓彼此都陷入「情緒化」的現場，等到冷靜下來，再考慮「後續要怎麼處理和對方的關係」。

在男友提出分手時，如果就立刻「情緒化」地回應「我才要跟你分手」、「這麼說太過分了！」，事後只會讓自己後悔。

若是心平氣和時的判斷也就罷了，但在「情緒化」的當下所做的決定，通常都不會有什麼正面的效應。

只不過，剛剛才大吵一架，男友甚至提出分手，這時兩人若還待在一起，確實很難冷靜。只要繼續面對男友，就會一直受到刺激，即使努力說服自己「不要情緒化」，還是可能會把持不住。

這時，最好告訴對方「讓我想一想」，然後趕快離開現場。

如果繼續留在現場，彼此的情緒就會互相牽制、影響，讓狀況變得更難以收拾。暫時拉開距離，才不會再被對方刺激，讓彼此都保有思考、調適的空間，事情也才有轉圜的餘地。

當問題無法這樣簡單處理，雙方的「情緒化」越演越烈時，就要參考前面提過的各種應對方法，讓自己不會因為「被情緒綁架」而受到傷害。

迄今為止，一直都只提到在物理上、實質上如何脫離「情緒化」的演變模式，其實同樣的作業也可以在自己的內心進行。在本章的最後，我們就來看看「拉下內心閘門的方法」吧！

POINT

先拉開物理上的距離，雙方的情緒才不會互相牽制、影響。

找出自己的「情緒地雷」，「刻意」繞過引爆區

很多時候，「情緒化」是反映出了內心強烈的自卑與深刻的創傷。若只是告誡自己「不要被情緒綁架」，就會變成不當的忍耐，反而讓事態惡化。

其實，比起「努力不讓自己情緒化」，「事先知道哪些狀況會讓自己情緒化」，反而更有效果。

我將這些導致「情緒化」的關鍵事件稱為「自動開關」。例如有些人面對以下的狀況，就會觸發自動開關：

- 每次被問到事業上的成就時
- 每次看見插隊等「不正確」的行為時
- 每次被父母批評，而想起過去的創傷時

就像這樣，每個人的「自動開關」會被觸發的關鍵都不一樣。所以，首先要掌握自己會因為什麼事而被觸發「自動開關」，找出自己的「情緒地雷」，一旦面臨會引爆「情緒化」的狀況，就立刻拉下「內心的閘門」。

所謂「拉下內心的閘門」，就是直接無視、放過，將眼前的狀況「刻意」排除在意識之外，繞過這個引爆區，讓它從自己的世界裡消失。

這裡最主要的重點就是「刻意」。

或許有人會覺得「這不就是逃避嗎？」，但是，每個人都有自己要背負的各種問題及原由，不可能在所有的狀況下都能控制情緒。

為了「不被情緒綁架」，只能像這樣「努力做現在可以做的事，接受現在還做不到的事」。

POINT

努力做現在可以做的事，也要接受現在還做不到的事。

蟲蟲，我知道你的辛苦了，
希望你也知道我的難過，
我們就別再爭誰對誰錯，好好相處吧！

第 6 章

「情緒化」的人，其實是受困的弱者

如何與「情緒化」的人和平相處

「情緒化」的人，除了是「讓我們困擾的人」，
也是「不知道如何處理情緒，而陷入困境的人」，
與其說他們強勢，其實更是弱小的存在。
面對這樣的人，一定要放下「對錯」之爭，
但這並非要承認「自己是錯的」，
只是不再把問題圈定在「誰是誰非」的範疇裡。

不管對方是無理取鬧，
還是真戳中了自己心虛的要害，
都要先照顧好受到衝擊的內心，
再運用「領域」的概念來保護自己，
以免被捲入對方「情緒化」的漩渦中，讓衝突逐漸升級。

「情緒化」的對象 ❶

遷怒他人的火爆主管

——對方是因為恐慌才借題發揮

到目前為止，討論的都是當自己「情緒化」時，該怎麼處理或面對。在本書的最後，則要來看看如何與「情緒化」的人和平相處。

基本上，「情緒化」的人真的很難應付，一不小心連自己都會跟著「情緒化」。那麼，有什麼方法可以避免被捲入他人的「情緒化」漩渦呢？

例：主管只要工作不順就會「情緒化」，實在可怕。

這樣的主管真是令人傷腦筋啊！如果可以，當然最好是換工作，但有時候也不是那麼容易。況且，每個職場都有這樣的人，還是必須找到對應的策略。

這裡要告訴大家的是，這個主管除了是「令自己困擾的人」，同時也是「陷入困境的人」。

原本就缺乏餘裕的人，一旦工作不順利，就很容易陷入恐慌。此外，之前也曾再三強調，「主管≠人格高尚的人」（當然，也有令人敬佩的主管）。

這時，只要把對方當成是「恰巧處於較高職位的普通人」就好。

當普通人成為主管、面對責任範圍擴增的狀況時，其實很容易恐慌、焦慮。一旦他發現自己「不知所措」，往往就會任意遷怒，進而對部屬大聲斥責。這完全就是利用自己處於上位的立場欺壓別人，所以當然是職權騷擾。

會對部屬職權騷擾的主管，光是相處起來都令人痛苦。

要是對方的職權騷擾嚴重到讓部屬產生心理上的問題，公司就必須做出嚴正的處置；除此之外，如果必須面對這樣的主管，更要懂得如何保護自己的內心。

第一步，就是將「情緒化」的主管當成「陷入困境的普通人」，其實是極為弱小的存在。

畢竟對方職位較高，當他總是高高在上地罵人，會給人看似很強勢的感覺。但不管是什麼樣的主管，只要開始「情緒化」，毫無例外都會變成弱小的存在。事實上，許多有職權騷擾行徑的人，都出現了容易罹患憂鬱症的傾向。

因此，如果不得不和這樣的主管相處，只要把對方當成是「不知道如何處理自己的情緒，陷入困境的普通人」，當自己被莫名遷怒或大聲斥責，就回應對方「不好意思」、「是我不好」。

可能有人會覺得，「明明自己才是被遷怒的一方，為什麼還要道歉？」，但這個動作其實不是在賠罪。

如同先前的討論，這並不是自己和主管哪一方「正確」的問題。如果真的是「正確／不正確」的判別，或許確實不該道歉；但是，遷怒還達不到爭論「正確／不正確」的程度，因此這裡的「不好意思」並不是賠罪的意思。

這個「不好意思」，只是對「困擾到必須故意遷怒的可憐人」所給予的「同情」而已。這種表達同情的「不好意思」，是一項保護自己不被職權騷擾傷害的智慧。

POINT

「不好意思」只是對「困擾到必須遷怒的人」給予的「同情」。

「情緒化」的對象 ❷

突如其來的語言暴力

——先安慰沒有及時回擊的自己

「情緒化」的人不只是「情緒化」而已，還會對別人突然惡言相向。

這時候要怎麼處理比較好呢？

例：聚餐時因為工作的問題起了爭執，酒後情緒激動的同事突然嘲笑：「如果要給人的長相打分數，你一定不及格吧。」以這種跟工作無關的事對我人身攻擊。由於那是聚餐時發生的事，如今再回嗆對方也於事無補，但就是無法消氣。

這就是受「情緒化」的人影響，也跟著「情緒化」的典型例子。遭受到這種言語攻擊，會生氣是理所當然的。但從怒氣一直沒有消失來看，那時要不是用玩笑敷衍過去，就是太過震驚而當場愣住了。就像170頁說過的，喝醉的人很容易「情緒化」，所以當場也很難反擊。話雖如此，直到現在還怒氣未消的自己，應該怎麼辦呢？

首先，安慰一下受到嚴重衝擊的自己吧！

這時候，所有的思緒很容易都會陷在「要怎麼報復對方」之上，但是為了適切保護自己的內心，還是要以「我」為思考中心，努力接受「我現在非常惱火」的真實情緒，然後安慰自己：

「被這樣人身攻擊，當然會很惱火，真的遇到了好糟糕的事。」

有時只是這樣，就能讓自己不至於捲入「情緒化思考」的漩渦。

接著，則是要把重心放在「是對方人身攻擊」，而不是「自己被人身攻擊」這一點，將之視為對方「領域」裡的問題，不再理會。

不過，要是怎麼樣都止不住怒氣，就代表自己陷入了「情緒化思考」，可能滿腦子都是「為什麼我要被這樣人身攻擊」、「對方竟敢如此輕視我」的想法。

與此同時，對於無法好好處理這個狀況的自己，也會產生「當時應該做得更好」的懊惱。

其實，無論遭受他人多麼不合理的對待，所有造成「情緒化」的原因，都不會只有別人，也包括「自己」。

如果只是對進行人身攻擊的對方感到憤怒，這股怒氣不會持續那麼久。就是因為「進行人身攻擊的對方」和「（當時沒好好處理而）讓對方有機會攻擊的自己」加乘產生的綜效，才會讓自己陷入「情緒化」的狀態。

與對方有關的部分，事到如今已不能再做什麼，要是加以反駁，說不定會受到更嚴重的攻擊。

然而，跟「自己」有關的部分，還是可以有些作為。

這時的思考，要把重點放在「突然遭受如此惡劣的人身攻擊，怎麼可能馬上做出冷靜且適當的反擊，根本不可能」。之所以一直陷在「情緒化」的狀態，就是因為覺得自己當時「應該可以做得更好」。

突然遭到別人惡言相向，當下卻無法做出反擊，這其實是人之常情。所以要從整體的角度來看，明白自己「遭受了過分的對待」，然後專心地療癒自己。這樣一來，才能盡早擺脫「被情緒綁架」的狀態。

POINT

不必為了沒有適時反擊，而苛責、貶低自己。

「情緒化」的對象 ❸

隨機碰上的正義魔人

——就算對方有理也要體諒自己

前面的例子是認識的人突然「情緒化」，但在生活中，有時也會遇到陌生人突然對自己發飆。

例：在電車裡補口紅的時候，隔壁的大叔突然對我大發脾氣，怒罵：「這是在做什麼，難看死了！」完全破壞了約會的心情。

如果只是陌生人突然對自己發飆，一般來說，只要當成自己遇到了「愛管閒事的大叔」就好，為什麼心情會因此完全受到影響呢？

那是因為在自己的內心，有著跟大叔相同的「應該」思考模式。由於自己其實也有「不應該這麼做」的心虛感，一旦受到刺激，才會跟著變得「情緒化」。

突然被不認識的人批評，已經是很大的衝擊，要是再加上自己也覺得做了「不應該做的事」，就會更加受挫。

也就是說，自己除了對亂罵人的陌生大叔生氣之外，對於「給大叔攻擊機會的自己」也同樣感到懊惱，所以才遲遲無法平復情緒。

這裡先一一來做個整理。

首先要注意的是，大叔說的「難看死了」這句話。

對於別人在電車上化妝有什麼感覺，純屬個人看法。不過，大多數的人應該只會覺得「雖然不太恰當，但對方可能真的沒有時間吧，那也沒辦法」，不會太放在心上。

對於可能有什麼原由或苦衷的人大聲批判「難看死了」，這完全是一種暴力，即使當事人自己心裡可能也覺得「有點難看」。

由於這個大叔的行為完全侵害了對方的「領域」，所以遭到攻擊的人會感到憤怒，也是理所當然的事。

首先，就要接納自己的情緒——「會覺得生氣是理所當然的」。

這個例子還有另一個重點，就是要觀察自己內心隱藏的「應該」思考模式。當自己遭到責罵時會變得情緒化，很可能就是內心存在著「在電車裡不應該塗口紅」的價值觀。

大叔的行為當然侵害了自己的「領域」，但也因為自己同樣覺得「不應該這麼做」，才讓怒氣更為高漲。先接受這樣的現狀，然後再重新冷靜思考。

在電車上塗口紅對自己來說是必要的舉動，沒有給別人添麻煩，也不是犯罪行為，只是大叔自己覺得不快而已。

如果從這個角度看待，就能迅速平撫自己的心情，同時也能提醒自己「以後盡量不要在電車上塗口紅」。

另外，177頁提過的「好友筆記」也很有用，可以扮演自己的好友，在筆記裡溫柔地安慰自己：

「突然被陌生大叔責罵，應該嚇了一跳吧！」

「當時你真的沒有時間嘛，那也沒辦法。」

「我都不知道在電車裡塗口紅，會有人氣到口不擇言呢！」

這樣也能及早重拾平靜。

POINT

情緒會受對方影響，是因為自己也有「不應該」的心虛感。

「情緒化」的對象 4

網路世界的罵戰攻擊

——可能是碰觸到了「內心的傷口」

到目前為止，所介紹的都是現實中的人際關係。

當然，在網路上也會遇到「情緒化的人」。

例：在網路社群媒體無意間的發言，突然引發了他人的罵戰攻擊。

網路社群媒體特別容易聚集「情緒化」的人。即使平常覺得「情緒化很丟臉」的人，一旦躲在鍵盤後匿名發言，也很容易迷失自己。

此外，受到其他人的「情緒化」發言所衝擊，也會有越來越多人加入這種發言的行列，讓狀況不斷擴散、蔓延而逐漸失控。

網路上突然延燒的嚴重罵戰，通常都是屬於這種模式。而這時最常聽到的攻擊或批判，就是「白目、輕率、說風涼話」。

比方說，一有機會就想找碴的人，或是支持特定對象而刻意攻擊其競爭對手的人……可想而知，這些人必然會在網路上興風作浪。

這些人都可說是「所謂的好事者」。每當見到網路上展開罵戰，我都會抱著「暴風雨來了」的心情遠遠旁觀，然後提醒自己，盡量不要做出招來暴風雨的行為，像是絕對不要發表會刺激他人「被害者意識」的言論等等。

然而，發生災害等緊急事態時，就算平常「不是好事者」的人，有時也會在網路上用「白目、輕率」來批判、攻擊別人。

這時候，雖然對方看來師出有名，被攻擊的人還是會感到困惑，為什麼乍看之下善意溫和的人，也會在網路上攻擊別人呢？

可以想見的理由，就是那個人本身因為災害的相關新聞報導而受到衝擊，使得內心受傷了。

所以，當他覺得有人是搞不清楚狀況而在說風涼話時，就會覺得「不可原諒！太過分了！」。

面臨這樣的處境時，與其覺得「自己遭遇了網路罵戰攻擊」，不如思考自己的發言是不是碰觸到了很多人內心的傷口。

這跟「生氣的人＝困擾的人」是相同的原則。

如果一直被困在「自己是否真的輕率、白目」的思維裡，就等於發動了「對錯」之爭，很可能會在過程中承受不必要的傷害。

畢竟每個人都是「正確的」，這裡所發生的情況，只是某個時候的自己被他人認為「白目、輕率」而已。

雖然覺得自己還不到必須謝罪的程度，但說一句安撫對方的「不好意思」，也沒什麼不好。

當然，要怎麼運用社群媒體是自己的事，就這樣不去在意和理會，也不失為一項適宜的對策。

POINT

無關「對錯」，攻擊者只是「受到傷害的人們」。

「情緒化」的對象 5

麻煩奧客和怪獸家長

——陷入對錯之爭，就會沒完沒了

例：因為負責的是客服工作，平時遇到太多情緒化的人，很擔心自己哪一天會承受不住而爆發。

在「情緒化的人」當中，還存在著所謂的「難搞奧客」和「怪獸家長」。

既然都叫「難搞奧客」和「怪獸家長」了，這些人自然是「麻煩的存在」。憤怒的情緒代表「自己正陷入困境」，這在28頁已經提過。事實上，「難搞奧客」和「怪獸家長」正是這種「陷入困境的人」。

「難搞奧客」是真的認為自己遇到麻煩，所以覺得困擾；「怪獸父母」則是將自己在育兒上的挫敗都歸咎於「學校」，這樣的情形不時可見。

而他們也更容易陷入「情緒化思考」，對於「自己是否被輕視、不受尊重」的反應更為強烈。

面對這樣的人，如果用「我是對的，你錯了」的態度來因應，雙方就會陷入與「對錯」拔河的困獸之鬥。

由於雙方都拚命拉著繩子，衝突會逐漸升級，同時也消耗彼此的能量，變得極端對立，完全找不到合宜的解方。這對兩者來說都是很大的壓力。

這種時候，最有效的方法就是「傾聽對方的困擾」。

可以用委婉的姿態請教對方：「您說的事對我們很有幫助，可以再說得詳細一點嗎？」

此時對方的氣勢也會跟著減弱，甚至還可能覺得「自己說得太過分了」而反過來道歉，或是坦率地說出自己在育兒上的不安。

這裡要再次強調的是，**對於「情緒化的人」，一定要放下「對錯」之爭。不過，這絕不是要承認「自己是錯的」，而是不再把問題只圈定在「誰是誰非」的範疇裡。**

POINT

「我想傾聽你」，是最有效的對應方法。

「情緒化」的對象 6

暴怒的廣泛性發展障礙者

──明白他們有自己的一套邏輯

容易「情緒化」的人，通常都背負著各種問題及原由，像是內心的創傷。如果不知道對方「為什麼會因為這種事情緒化」，那就代表「這種事」可能是189頁所說的「自動開關」。

還有一種狀況跟創傷的反應非常相似，不太容易區分，那就是廣泛性發展障礙者會出現的暴怒反應。

所謂的「廣泛性發展障礙」，是指在智能上沒有障礙，但具有某些特定的發展障礙或偏執特性，代表類型包括有「自閉症」（ASD）、「注意力不足過動症」（ADHD）等。

雖然個人程度有所不同，但只要造成社會生活上的適應困難，就會被診斷為「發展障礙」。

無論是「自閉症」或「注意力不足過動症」，都具有完全自我中心、忽視其他事物的特性。

所以，當這些發展障礙者碰上自己無法預測的變化時，就會以為遭到了「突襲」，而在受衝擊的狀況下開始反擊。

由此可知，如果覺得困惑，不知道對方「為什麼會因為這種事情緒化」，就要設想「對方可能是廣泛性發展障礙者」。

雖然就算知道，對方的行為也不會改變，但只要了解大致的原則，情況就會顯著改觀。當對方做出不如自己預期的事，也會覺得「是啊，不過他其實很努力了」。

廣泛性發展障礙者看來偏執，其實都有屬於他們的邏輯。**如果就這樣全盤無視且否定，他們可能會因為「自己被否定了」而大發脾氣。但是，若能順著他們堅持的邏輯進行討論，就會發現他們很有力量。**

廣泛性發展障礙者基本上都非常認真，只要將可能完成的任務交給他們，他們通常都會展現精彩的成果。

舉例來說，二〇一九年九月在聯合國氣候行動峰會上，曾經針對全球暖化現象發出嚴厲、憤怒批判的「瑞典環保少女」格蕾塔·童貝里（Greta Thunberg），就曾經公開發表自己患有亞斯伯格症、強迫症和選擇性緘默症。

她的演講啟發了很多人，但她之所以能提出那麼尖銳的批判，也是因為她是廣泛性發展障礙者。

在廣泛性發展障礙者當中，有許多都是「一定要確認清楚是非黑白」的類型，完全無法容許灰色地帶的存在。

如果他們自己和旁人都明白這樣的特徵，他們就能提醒對方「我無法忍受曖昧不清」，對方也不會覺得他們是「傲慢的獨裁者」，而能理解那是他們面對現實、努力讓自己活下去的方法之一，不至於因此而受傷。

POINT

理解廣泛性發展障礙者的特質，讓他們展現力量。

結語

理解自己的情緒，感受自己的堅強

「情緒化」會使自己成為弱小的存在，是本文一直強調的部分。

人類本來就是堅強的存在，雖然內心會生病，或一時陷入沮喪，絕對不是完美的生物，但長年與許多患者相處，我深刻感受到「人是有力量」的。

當自己受到他人不合理的對待，都會出現相應的「症狀」，但本質中的堅強仍然不會改變。相反地，我們也可以說，會出現「症狀」，就是因為我們擁有足夠守護自己的堅強。

「被情緒綁架」的人，會完全忽視這樣的堅強，只是不斷主張「自己是正確的」，想藉此獲得周遭其他人的認同。

但是，人本來就是堅強又溫暖的存在。缺乏餘裕時或許做不到，但只要擁有餘裕的人，都是非常，非常溫暖的。即使是失去了餘裕的人，也能在他們身上看見「拚命努力的姿態」。

處理「情緒化」的問題，就是「理解自己的情緒，認識自己的堅強」的過程。

感到茫然失措的時候，請站在原地重新確認：「我的本質是堅強而溫暖的。」

我衷心希望，有越來越多的人能理解自己的堅強，不再因為「被情緒綁架」而時刻困在無力感之中，可以重新拿回人生的主導權。

Soulmate 11

你可以生氣，但不要越想越氣
———停止情緒化思考、不再與對錯拔河，從此擺脫「地雷型」人設！

作者 —— 水島廣子
譯者 —— 楊詠婷

插畫 —— MiLi Lin
責任編輯 —— 郭玢玢
協力編輯 —— 廖本郁
美術設計 —— 耶麗米工作室
總編輯 —— 郭玢玢

出版 —— 仲間出版／遠足文化事業股份有限公司
發行 —— 遠足文化事業股份有限公司（讀書共和國出版集團）
地址 —— 231 新北市新店區民權路 108-2 號 9 樓
郵撥帳號 — 19504465 遠足文化事業股份有限公司
電話 ——（02）2218-1417
信箱 —— service@bookrep.com.tw
網站 —— www.bookrep.com.tw

法律顧問 —— 華洋法律事務所 蘇文生律師
印製 —— 通南彩印股份有限公司

定價 —— 330 元
初版一刷 —— 2020 年 12 月
初版二十六刷 —— 2024 年6月

國家圖書館出版品預行編目（CIP）資料

你可以生氣，但不要越想越氣：停止情緒化思考、不再與對錯拔河，從此擺脫「地雷型」人設！

水島廣子著；楊詠婷譯／
-- 初版 . -- 新北市：仲間出版：遠足文化發行，
2020.12 面； 公分 . --（Soulmate；11）

ISBN 978-986-98920-4-9（平裝）

1. 情緒管理
2. 生活指導

176.5 109019685